本书列入"十三五"国家重点图书出版规划

・学术规范与研究方法丛书・

How to find information

如何查找文献
（第二版）

[英] 萨莉·拉姆奇（Sally Rumsey） 著

廖晓玲　傅存良 译

著作权合同登记号 图字:01-2013-2181

图书在版编目(CIP)数据

如何查找文献/(英)萨莉·拉姆奇著;廖晓玲,傅存良译.—2版.—北京:北京大学出版社,2018.10

(学术规范与研究方法丛书)

ISBN 978-7-301-29881-7

Ⅰ.①如… Ⅱ.①萨… ②廖… ③傅… Ⅲ.①信息检索 Ⅳ.①G254.9

中国版本图书馆 CIP 数据核字(2018)第 207025 号

Sally Rumsey
How to Find Information:
A Guide for Researchers
ISBN:0-335-22631-0
Copyright © 2008 by McGraw-Hill Education.
All Rights reserved. No part of this publication may be reproduced or transmitted in any form or by any means, electronic or mechanical, including without limitation photocopying, recording, taping, or any database, information or retrieval system, without the prior written permission of the publisher.
This authorized Chinese translation edition is jointly published by McGraw-Hill Education and Peking University Press. This edition is authorized for sale in the People's Republic of China only, excluding Hong Kong, Macao SAR and Taiwan.
Translation Copyright © 2018 by McGraw-Hill Education and Peking University Press.
版权所有。未经出版人事先书面许可,对本出版物的任何部分不得以任何方式或途径复制传播,包括但不限于复印、录制、录音,或通过任何数据库、信息或可检索的系统。
本授权中文简体字翻译版由麦格劳-希尔(亚洲)教育出版公司和北京大学出版社合作出版。此版本经授权仅限在中华人民共和国境内(不包括香港特别行政区、澳门特别行政区和台湾)销售。
版权©2018 由麦格劳-希尔(亚洲)教育出版公司与北京大学出版社所有。
本书封面贴有 McGraw-Hill Education 公司防伪标签,无标签者不得销售。

书　　　名	如何查找文献(第二版)
	RUHE CHAZHAO WENXIAN(DI·ER BAN)
著作责任者	[英]萨莉·拉姆奇 著　廖晓玲　傅存良 译
丛书策划	周雁翎
丛书主持	张亚如
责任编辑	刘军
标准书号	ISBN 978-7-301-29881-7
出版发行	北京大学出版社
地　　　址	北京市海淀区成府路 205 号　100871
网　　　址	http://www.pup.cn
电子信箱	zyl@pup.cn
新浪微博	@北京大学出版社
电　　　话	邮购部 010-62752015　发行部 010-62750672
	编辑部 010-62767346
印　刷　者	北京溢漾印刷有限公司
经　销　者	新华书店
	650 毫米×980 毫米　16 开本　17.25 印张　228 千字
	2007 年 9 月第 1 版
	2018 年 10 月第 2 版　2024 年 8 月第 3 次印刷
定　　　价	52.00 元

未经许可,不得以任何方式复制或抄袭本书之部分或全部内容。
版权所有,侵权必究
举报电话:010-62752024　电子信箱:fd@pup.pku.edu.cn
图书如有印装质量问题,请与出版部联系,电话:010-62756370

目 录

图示列表 …………………………………………… （1）
表格列表 …………………………………………… （1）
缩写列表 …………………………………………… （1）
第一版前言 ………………………………………… （1）
序言 ………………………………………………… （1）

1 资料搜集的过程 ………………………………… （1）
   资料搜集的过程概述 …………………………… （1）
   研究者需要具备的能力技巧 …………………… （3）
   确定研究主题 …………………………………… （3）
   明确研究目的和范围 …………………………… （4）
   着手准备 ………………………………………… （5）
   一场制定资料查找方案的战役 ………………… （6）
2 充分利用图书馆资源 …………………………… （9）
   了解你的图书馆和图书管理员 ………………… （9）
3 查询已有的研究成果 …………………………… （17）
   本章所描述的研究类型 ………………………… （17）

获取与研究有关的资料 …………………………（17）
　　　研究工作的索引和网上数据库 …………………（18）
　　　英国科学研究理事会和其他资料机构 …………（20）
　　　论文 ………………………………………………（22）
4　**所需资料的类型和详情** ……………………………（24）
　　　导言 ………………………………………………（24）
　　　资料的类型 ………………………………………（25）
　　　资料的直接来源与间接来源 ……………………（26）
　　　多学科与交叉学科 ………………………………（27）
　　　界定研究的范围和限制 …………………………（28）
　　　有多少适用资料？ ………………………………（29）
　　　已经知道了什么？ ………………………………（29）
　　　设计资料查找策略 ………………………………（30）
5　**查找相关资料** ………………………………………（32）
　　　发现资源：哪里可以找到相关资料？ …………（32）
　　　什么是摘要和索引？ ……………………………（33）
　　　网上参考文献数据库 ……………………………（34）
　　　网上数据库的相关事项 …………………………（36）
　　　电子书 ……………………………………………（46）
　　　书目和参考文献 …………………………………（48）
　　　开放存取的资料 …………………………………（53）
　　　资料的其他种类和来源 …………………………（54）
　　　选择与课题相关的资料来源 ……………………（55）
6　**在线检索的过程** ……………………………………（57）
　　　对检索进行规划的重要性 ………………………（57）
　　　在线检索的过程 …………………………………（59）
　　　如何制定检索策略 ………………………………（60）
　　　何时执行检索 ……………………………………（88）
　　　评估结果 …………………………………………（89）
　　　保存结果 …………………………………………（90）
　　　完成检索 …………………………………………（90）

7	检索引文 …………………………………………（92）
	什么是引文检索？为什么它会这么重要？………（92）
	引文索引 ………………………………………………（94）
	何时停止？ ……………………………………………（95）
	电子引文检索 …………………………………………（96）
	引文检索时的问题 ……………………………………（98）
	对照参考 ………………………………………………（99）
8	获取全文 ………………………………………（102）
	导言 …………………………………………………（102）
	在本地研究机构中定位资料 ………………………（105）
	定位本地研究机构中没有的资料 …………………（105）
	检索其他馆藏的书目 ………………………………（106）
	定位电子资料 ………………………………………（108）
	查找资料的商业性来源 ……………………………（110）
	灰色文献 ……………………………………………（110）
	定位资料的其他方式 ………………………………（111）
9	利用万维网进行研究 …………………………（113）
	导言 …………………………………………………（113）
	万维网上查找资料的方法 …………………………（115）
	链接到被选网站 ……………………………………（116）
	主题网关 ……………………………………………（116）
	使用搜索引擎 ………………………………………（117）
	评估万维网上查找到的资料 ………………………（125）
	若干有用的小窍门 …………………………………（128）
10	获取资料 ………………………………………（130）
	导言 …………………………………………………（130）
	获取本地机构中的实体资料 ………………………（131）
	通过本地机构获取电子资料 ………………………（131）
	使用其他图书馆 ……………………………………（134）
	文件传递服务 ………………………………………（134）
	开放存取学术出版物 ………………………………（136）

永久标识符……………………………………（139）
　　获取其他资料来源……………………………（140）
11　资料评估………………………………………（144）
　　评估的重要性…………………………………（144）
　　评估的标准……………………………………（146）
12　引用参考文献…………………………………（150）
　　术语……………………………………………（150）
　　引用参考文献的目的…………………………（151）
　　引文和参考文献的体例………………………（152）
13　保存记录………………………………………（160）
　　高效的检索和有序的记录……………………（160）
　　保留检索记录…………………………………（160）
　　保存已获取的文献的记录和细节……………（162）
　　书目软件………………………………………（164）
14　知识产权与剽窃………………………………（168）
　　导言……………………………………………（168）
　　知识产权(IP)…………………………………（168）
　　研究和创作文献时的知识产权考虑…………（173）
　　研究者著作的知识产权………………………（174）
　　剽窃……………………………………………（176）
15　研究团体与保持更新…………………………（179）
　　导言……………………………………………（179）
　　研究团体………………………………………（179）
　　发布会、研讨会和座谈会……………………（182）
　　提醒与最新通报服务…………………………（183）
　　邮件/讨论列表…………………………………（185）
16　变幻多姿的研究………………………………（187）
　　导言……………………………………………（187）
　　JISC 活动 ……………………………………（187）
　　研究成果的传播………………………………（188）
　　开放存取………………………………………（191）

查找研究资料 ……………………………………（193）
开放式 URLs ……………………………………（194）
电子图书和电子论文 ……………………………（194）
数据的重要性 ……………………………………（196）
电子科学项目与网格 ……………………………（196）
管理和发布信息的方法 …………………………（197）
数字化保存与管理 ………………………………（198）
研究资料网络(RIN) ……………………………（199）
期刊的影响因子、同行评审和引文服务 ………（199）

清单汇总 ……………………………………………（200）
附录一 使用图书馆 ………………………………（206）
附录二 资料来源的媒介 …………………………（225）
术语表 ………………………………………………（238）
参考文献 ……………………………………………（241）
网址 …………………………………………………（247）

图 示 列 表

图 1.1	资料搜集的过程图示		2
图 1.2	研究者资料查找流程图		7
图 5.1	参考资料记录示例		36
图 6.1	网上检索过程		60
图 6.2	检索的五个步骤		62
图 6.3	主标题和子标题形式的论题		63
图 6.4	表格形式的论题		64
图 6.5	蛛网图形式的论题		65
图 6.6	以表格形式列出概念示例		66
图 6.7	广义词与狭义词		70
图 6.8	完整的检索词表		74
图 6.9	检索查询：大学与基金		80
图 6.10	检索查询：大学、基金与英国		81
图 6.11	检索查询：婴孩或婴儿		81
图 6.12	检索查询：欧洲非英国		82
图 6.13	检索查询：利用括号进行检索		84
图 7.1	引文检索的复杂性		93
图 7.2	引文时间线		97
图 8.1	资料定位和查找工具		104
图 15.1	研究团体		180

表 格 列 表

表 5.1	不同类别下的检索结果比较	40
表 6.1	使用同义词检索"组织机构"(organizations)	68
表 6.2	使用异体拼法进行检索的例子	71
表 6.3	常见的异体拼写	71
表 6.4	组合查询	86
表 9.1	挑选搜索引擎的若干标准	126
表 11.1	资料评估：考虑的要点	146
表 13.1	检索记录示例	163
表 A1.1	用作者名检索示例	219

缩写列表

AHRB	Arts and Humanities Research Board
APA	American Psychological Association
BBSRC	Biotechnology and Biological Sciences Research Council
BLDSC	British Library Document Supply Centre
BNB	British National Bibliography
BOPCRIS	British Official Publications Collaborative Reader Information Service
CD	Compact Disc
CD-ROM	Compact Disc—Read Only Memory
CLA	Copyright Licensing Agency
COPAC	CURL OPAC
CORDIS	Community Research and Development Information Service
COS	Community of Science
CSA	Cambridge Scientific Abstracts
CURL	Consortium of University Research Libraries
DAI	Dissertation Abstracts International
DCC	Digital Curation Centre
DDC	Deway Decimal Classification
DOAJ	Directory of Open Access Journals
DOI	Digital Object Identifiers
DPC	Digital Preservation Coalition

DVD	Digital Versatile Disc
ESRC	Economic and Social Research Council
ETD	Electronic Theses and Dissertations
EU	European Union
FE	Further Education
HE	Higher Education
HERO	Higher Education Research Opportunities
HEFE	Higher Education Funding Council of England
HMSO	Her Majesty's Stationery Office
ICT	Information and Communication Technology
IE	Information Environment (JISC)
IEEE	Institute of Electrical and Electronics Engineers
ILL	Interlibrary Loan
IP	Intellectual Property, or Internet Protocol
ISBN	International Standard Book Number
ISO	International Organization for Standardization
ISSN	International Standard Serial Number
JISC	Joint Information Systems Committee
JISC PAS	JISC Plagiarism Advisory Service
LC	Library of Congress
LCSH	Library of Congress Subject Headings
MeSH	Medical Subject Headings
MRC	Medical Research Council
NDLTD	Networked Digital Library of Theses and Dissertations
NERC	Natural Environment Research Council
OAI	Open Archives Initiative
OPAC	Online Public Access Catalogue
OpenDOAR	Directory of Open Access Repositories
OPSI	Office of Public Sector Information
PC	Personal Computer
PDF	Portable Document Format
PhD	Doctor of Philosophy
PLoS	Public Library of Science
PRO	Public Record Office

RAE	Research Assessment Exercise
RCUK	Research Councils UK
RDN	Resource Discovery Network
RePEc	Research Papers in Economics
RIN	Research Information Network
RLG	Research Libraries Group
ROAR	Registry of Open Access Repositories
RSLG	Research Support Libraries Group
RSLP	Research Support Libraries Program
SPARC	The Scholarly Publishing and Academic Resources Coalition
SSO	Single Sign On
STFC	Science and Technology Facilities Council
TNA	The National Archives
UKDA	UK Data Archive
UK-IPO	UK Intellectual Property Office
UKOP	UK Official Publications
URL	Uniform Resource Locator
VRE	Virtual Research Environment
WoK	Web of Knowledge
WWW	World Wide Web

第一版前言

　　研究事业的核心要求之一就是必须找出关于同一研究主题已发表的研究资料。这是一项极其庞大而繁琐的工程。然而，目前极少有实用的研究指南能帮助毫无经验的初学者或经验丰富的研究者突破检索文献的重重难关，顺利找到他们需要的信息。因此，本书就显得尤为可贵。我相信它将成为每一位研究者必备的研究助手。研究者需要的是一本有现实指导意义的书，以备参考。

　　这也是一本十分及时的研究向导。电子技术革命使传统的从当地大学及研究机构图书馆"检索文献资料"的资料搜集方式发生了巨大的变革。现在许多资料能够通过电脑和互联网直接获取，这让研究者受益无穷。但是，利益和风险总是并存的——研究者很可能因此而忽略非电子的印刷资料，尤其是现在还没有哪种方法能够在资源的海洋中毫无差错地甄别所需信息。所以，如何正确使用检索引擎和数据库至关重要。如果足够幸运的话，从一个网站就能获取足够的信息，但这样的机会不论在哪个研究领域都少之又少。

　　阅读本书，读者会越来越明显地意识到，把各种各样的资源整合在一起是一项艰苦卓绝的劳动，正像研究支持图书馆集团

(Research Support Libraries Group,RSLG)所发起创立的英国国家图书馆网络(Research Libraries Network,RLN)一样,都凝结着艰辛的劳动。RLN设在大英图书馆,2004年4月开始运作。

使日趋复杂和多元化的信息更容易被理解和掌握,是建立国家图书馆网络的宗旨,是全世界图书馆工作人员的目标,也是本书最重要的写作意图所在。

布赖恩·K.福立特(Brian K. Follett)
英国研究支持图书馆集团主席

序　言

　　本书主要针对进行学术研究的博士后、博士和硕士阶段的研究者,但也同样适用于学士阶段最后一年的研究人员。同时,本书也适用于那些研究机构或公共部门的职员、商业机构(如律师事务所)的信息搜集人员以及任何希望在各自领域中跟上时代发展的专业人士。当需要撰写报告、为某组织提供咨询意见或使用商业信息中心时,这本书将对他们大有帮助。

　　何谓资料？在本书中,资料指的是研究者需要的任何能帮助他们扩展知识的资源,比如文件、书籍,以及其他形式的文献。资料,可以是追踪文件所必需的文献记录,可以是数据、史料或某学科专家未经发表的论文,可以是熟悉某学科领域的人士汇编的在线学科网。它也许以电子形式存在,也可能是有形的印刷品。它可以是关于某一特殊领域的专门研究,也可以是普通的日常话题。

　　那么如果"资料超载"会怎样呢？这个词对于那些所研究课题鲜有问津或根本找不到、无法获取研究所需资料的人来说,不会有什么安慰的作用。进行研究的关键在于资料的适当——在恰当的时间,从最合适的来源得来的正确资料。

　　搜集资料是一个完整的过程:首先必须明确需要哪些资料;其次,了解到哪儿去寻找资料;然后,找到资料后如何鉴别是否是所需要的资料;最后,怎样获取,以及如何处理这些资料。以上各个环节同等重要。本书全面解析研究者取得研究成果所必需的技能和工具,重点讲解电子资料来源和服务,同时也包括其他形式的资料。

本书内容按照以下框架展开:

- 确定需要哪些资料
- 找出可获取资料的详细情况
- 获取资料
- 管理和运用资料

书中详细阐释了资料检索的基本条件以及有效控制、合乎逻辑的资料搜集过程。意外收获在发掘有趣的相关资源中非常重要,这不断地向我们提出一个问题:资料检索到底是一门科学还是一项艺术?人们总是能在一定程度上理性而有条理,但是,因为情况总是不尽相同,所以人们并不能绝对地规范方法。研究者在一段时间中积累起来的经验和发散的思维(包括运气)都推动着资料检索的进展。

一些在线资源会提供两种检索工具:普通检索和高级检索。高级检索意味着建立一串长而复杂的查找请求,外加各种辅助工具,如截断符和接近符等。或者,我们可以说高级检索就是知道如何清楚、详细地表述一个问题,接着利用合适的、范围广阔的资源,进行检索、定位并且获取相关信息。

虽然计划进行比较综合性地讲解,有些章节还是会比其他章节进行更加详细的论述。为了让读者很好地理解每一章内容,我已尽可能地写得详细具体。但因为一些内容彼此交叠,有时很难把它们明确地划分到不同的标题之下。另外,这本书并非讨论某一特定学科的问题,基础技能才是本书说明的重点,因而书中的事例都是从不同学科中选取的。但这并不是一本互联网使用手册,也不是电子资源技术细节说明。

一本涉及电子资源的书会不可避免地将读者引向互联网

站。众所周知,存在的暂时性是网站的特点之一,我在选择网站时避免了它们可能会在本书存在的时间内消逝或者改变的风险。网站地址用上标数字标出,并在书后单独列出。

本书的成果得益于萨里大学(University of Surrey)及其伙伴萨里·罗汉普顿大学(University of Surrey Reohampton)(现称罗汉普顿大学)为研究者改善图书馆的努力。同时,它也受益于与研究人员和学生们一道为了减轻在不同(且通常是高度专业化的)领域中查找资料的痛苦工程而进行的努力。

研究者在资料查找能力方面的自信度和专业度差别很大。有人极其擅长利用关联创建查找请求,有人却很困惑,从未学习过如何以及去哪儿查找。克里斯托弗·维斯特(Christopher West)在他对研究支持图书馆集团(RSLG 2003)2003 报告的答复中写道:

> 就像波提切利的《维纳斯》,其含意在于所有的高等教育研究者都拥有高级的信息技巧,他们在信息环境中检索时完全高效且有明确目的。然而,每一个在高等教育图书馆工作的人都知道,事实并非如此,即使是学术工作者也不是。(West 2002:146)

本书同时也是为改变这一状况而做出的尝试。

自本书第一版出版以来,这种状况有所改变吗?某种意义上现在的状况变得更为复杂:互联网资源不计其数,网站自身也在扩张,尤其是 Web2.0 服务的普及,以及其他资源比如机构存储资源和电子图书的流布。为了克服发现资源和寻找合适资料的困难,诸如开放 URL 链接和联合搜索的机制变得更普遍。使用者也日益变得"精通网络"。尽管信息搜索训练在高等教育中已经非常普及,信息领域的从业者也在为用户提供更好的开发课程和训练,但查找文献的困难并未解决:情况在变化,本书中所提供的应对困难的技能仍同 2004 年时一样重要。

萨莉·拉姆齐
于萨里郡吉尔福德镇

1 资料搜集的过程

资料搜集的过程概述

想要尽善尽美地完成资料搜集工作,研究者必须进行大量的深入思考,同时具备在研究的任何阶段都能细致工作的能力。

资料搜集过程是由一系列步骤构成的,它不单单是一门科学,更是一种灵活多变的艺术;在研究过程中,研究者不必遵循所有步骤;我们给出指导方针作为研究向导,实际情况却可能要求我们改变研究方向;在调查进程中,研究者将会不止一次地退回到先前的某一步而重新开始;另外,意外收获也会是整个过程中的一大亮点。

这一查找、获取和处理资料的过程可以概括如下:

- 分析问题
- 定义研究范围,明确所需资料
- 识别资料来源(发现资料)
- 找出资料存在地点(定位资料)
- 设法获取资料

- 评估所获资料,确保它们:① 正是所需资料;② 真实可靠;③ 时效性强
- 管理资料查找过程及成果
- 及时更新查找,留意最新动向

以上过程还可以进一步简化为:

- 分析
- 定义
- 分辨或发现
- 定位
- 获取
- 评估
- 管理
- 更新

尽管我们可以把资料搜集过程概括为上述条款,但在大型研究项目中,这一过程并非直线进行,而是循环往复的,原因在于其内在的启发性和不断补充新发现的需要(见图1.1)。

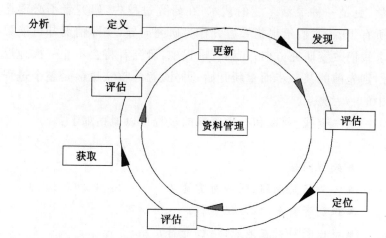

图1.1 资料搜集的过程图示

研究者需要具备的能力技巧

倘若研究者具备必要的能力和技巧,那么研究必将得以迅速有效的开展。这些主要的能力包括:

- 分析能力
- 计划能力
- 查找能力(知道在哪里以及如何查询资料)
- 资料评估能力
- 资料管理能力

写作本书也正是为了促进专业资料查找能力的提高。

确定研究主题

在调查研究之前,显而易见而又至关重要的是,研究者必须首先确定研究主题,做到对他们想要通过研究达到什么目的心中有数。初步论题(或问题)可以由第三方提出,或者研究者也可以提出他们自己的论题。不论选择哪种方式,研究者都必须确保此论题有探讨价值,并且不会产生歧义,否则,就需要澄清该论题的含义(博士研究生的导师可能会给予指导)。研究者可以写下论题,并根据以下内容或问题做适当修改,相信一定会有所帮助:

- 考察用词。所用词语是否是对研究对象的确切表述?
- 会产生任何歧义吗?
- 把论题、主题或题目表述成一个问题(保证该问题涵盖了所有相关或可能涉及的领域)。这有助于研究者明确自己正在和将要进行哪些调查研究。

研究主题和可提问题举例如下：

1. 新俄罗斯联邦共和国成立后俄罗斯制造业的变化。
   - 俄罗斯历史上和目前的制造业状况如何？
   - 新俄罗斯联邦共和国成立后俄罗斯制造业经历了怎样的变化？
2. "与环境变化相关的人类饮食习惯适应性进化：史料记录逾十万年"（Richards 2002）。
   - 参考环境变化，在超过十万年的时间里，人类的饮食习惯是如何适应并进化的？
   - 在超过十万年的时间里，环境变化是怎样影响人类饮食习惯的适应性进化的？
3. "针对囚犯的医药服务"（Department of Health 2003）。
   - 针对囚犯的医药服务现状如何？可以如何改进？
4. "对黄热病毒流行株与疫苗株基因组的研究"（Wang 1995）。
   - 研究黄热病毒流行株与疫苗株基因组会有哪些发现？

研究的不同侧重决定研究者提出的具体问题各不相同。而将初步论题改写成问题的形式又自然会把研究者引向另外一些问题，比如：
- 要回答这个问题需要获取哪些资料？
- 在哪里能找到这些资料？
- 如何才能得到关于这一主题的其他研究成果？

诸如此类。我们将在以后的章节中深入探讨如何解决上述问题以及其他一些问题。

明确研究目的和范围

对以下问题的回答，关系到怎样处理好查找并获取资料的

过程。认真思考和回答这些问题,对明确研究性质和范围大有裨益,进而指导研究者制订并执行资料检索计划。问题包括:

- 该研究的目标或目标人群是什么?
- 文章完成后属于哪种类型的文件?(如博士论文、公司报告等)
- 查找到的资料需要具体到何种程度?
- 文章的读者或使用者会是谁?
- 需要检索的信息量有多大?需调查所有发表过的有关该论题的研究报告呢,还是只需要其中的关键内容,或者仅仅是单个条款呢?
- 可用时间有多长?这是一个大规模长时间的项目,还是一篇小短文,或是一项较为紧急的研究计划呢?
- 对这些资料的时效性有怎样的要求?若是涉及法律资料,可能需要最新颁布的条文;若是综述某一主题,则可能论及一段时期内的历史性变化。在处理资料时必须多加小心,避免使用过时的或虚妄的材料。
- 离信息源如档案馆、博物馆、图书馆等的距离有多远?
- 愿意花费多少路费、资料费、复印打印费等?
- 有资格使用哪些资料?注意,在获取资料时可能会有一些限制,以及由于《自由信息法案》、《资料保护法案》等产生的障碍。
- 应该从何处下手?

着 手 准 备

每一个成功的研究者在开始主要工作之前,都会做好充分的准备。以在当地图书馆搜集资料为例,研究者需要:

- 了解可外借资料以及其他有资格获得的资料有哪些
- 办理借书证等必要手续

- 申请获得所有需要的账户和密码(见第 2 章)
- 知道哪个或哪些图书管理员或个人可能提供帮助
- 明确图书馆还提供哪些服务,例如馆际互借或其他文献服务,以及别的能从其他图书馆获得的互惠服务等
- 了解开馆时间及其他必要信息
- 准备好搜集和管理资料所需的工具(包括必要的硬件和软件等)
- 检查互联网连接
- 安装 Microsoft Word 等软件
- 安装编写书目的软件等参考资料管理软件
- 连接打印设备

上述清单的具体内容视个体需要而定,但必须一开始就罗列完整。诚然,在研究过程中个体需要会发生变化,但研究伊始就列出这些基本要求,做到心中有数,无疑会在将来的工作中避免许多不必要的麻烦。

一场制定资料查找方案的战役

制定资料查找方案好比一场战役。在战争中,将军得派探子打探军情,确定战略目标,设计全军粮草供应和交通运输方案,制订战斗计划,随时回顾军情并做出相应反应,同时及时向指挥官回报当前和预期的战况。而一名研究者想要成功地完成复杂的研究任务也必须承担与将军相似的使命,即缜密计划、时时回顾和及时更新。这种军事化的计划制订至关重要。如果不作计划,虽然我们也可能意外地获得可用资料,可以重新检索原始资料,但那毕竟并不可靠,也太费精力。图 1.2 就向我们展示了整个资料查找过程,以及各阶段工作是如何相互关联的。

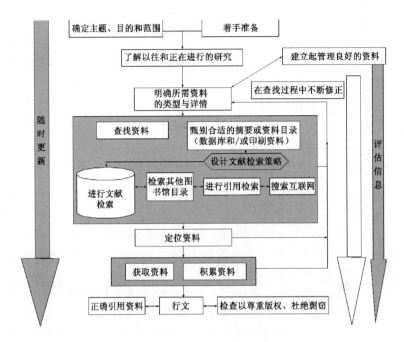

图 1.2 研究者资料查找流程图

如上文所述，因为研究性质和范围的不同，具体的资料搜集过程也不尽相同。比方说，一个人如果只想就某一话题做简要概述，他很可能只希望在短时间内搜集少量关键资料，因此就可能省略掉资料搜集过程中的一些步骤。

需要强调的是，资料检索和搜集过程有两个相当重要的性质，即反复性和启发性。反复性指的是搜集过程的重复。启发性是指，随着研究的推进，将不断地找出新内容，又同时不断地从新内容中学习，得到启发。研究者的发现越多，越会将其引向更多其他的资料。那么，关键就在于不能被这些资料引向论题以外的领域，而必须专注于手头的工作，只深入进行相关领域的研究。随着时间的推移和局势的变化，研究者当有能力适应变化，把握局势。

此刻，研究者已确定了研究主题，明确了资料需求，为工作做好了必要准备，资料搜集工作即将开始。

要点

- 确保研究课题清晰确定
- 对研究的目的与范围都了然于胸
- 应整理好实例以及其他基本准备工作,以利于研究进程

清单

1 研究主题或问题清晰明确吗?对研究了然于胸吗?
2 研究的目的是什么?最终成果的目标人群是哪些?运用本章里的问题来帮助明确目的。
3 研究的范围与程度是什么?运用本章里的问题来帮助明确范围。
4 你处理过查询电子资源用户名与密码等各种实际问题吗?

2　充分利用图书馆资源

了解你的图书馆和图书管理员

导　言

图书馆的规模迥异,有的限于斗室,员工数量屈指可数,也有的分门别类、占地广阔、读者甚多。无论是哪一种,读者置身其中都必须能够快速高效地找到所需资料。这就要求研究者具备运用馆内设施、仔细查阅馆藏并最终定位资料的能力。了解图书馆提供哪些服务,知道哪里或谁能给予帮助,显得尤为重要。

图书馆的别称

自 20 世纪 80 年代中期起,各图书馆纷纷添置了新的资料,开始提供新的服务,有的把传统的图书馆服务与信息交流技术(ICT)服务结合在了一起。为了在名称上体现这一变化趋势,许多人用别的称呼取代了"图书馆"这一专有名词,比如:

- 学习资源中心
- 信息服务中心

● 学习中心

> 本书采用"图书馆"一词,指的是任何能够获取资料以进行研究的部门或中心。

熟悉环境

工作人员也许会带我们参观整座图书馆,但也有用其他虚拟游览方式代替的,比如录像演示等。不管是哪种方式,我们都建议研究者到将要经常使用的图书馆去,熟悉那里的环境和馆藏分布等,以便日后顺利查找资料。

有些图书馆有一个以上的馆址,在这种情况下,读者就应当去咨询怎样在不同馆址间调阅资料,查询不同馆址的图书馆分别有哪些馆藏和提供哪些服务等。它们在开馆时间、馆藏和人员配置上可能有所差别。

不同的图书馆提供不同的信息交流技术资源和写字台。有的在每个写字台上都安装了电脑,并连接到互联网,读者需要以网络用户名和密码登录;有的则开设了笔记本电脑专区或无线网络接入,供笔记本电脑用户使用。为了最充分地利用图书馆资源,每个访问者都需要考虑到这些问题。

某些高校图书馆还专门为研究者开辟了一块宁静的区域,配备接入互联网的电脑供他们单独使用,让他们远离喧嚣,从开放性网络的喧嚣和干扰中解脱出来。

馆藏侧重

尽管许多图书馆兼容并蓄地收藏了涉及所有或者大多数领域、内容深浅不同的资料,但也有许多图书馆只根据其读者的兴趣集中收藏某些领域的资料。"我们别忘了,图书馆有取有舍,图书馆舍弃什么,也就标示了图书馆的馆藏范围"(MacColl 2006)。有的图书馆成了大型的资料库,也有的仅仅关注目前人们的兴趣所在。

专业图书馆

世界上有很多专门图书馆只收藏一个或几个领域的资料。比如,号称"世界最大经济学与社会科学图书馆"(LSE 2007)的伦敦政治经济学院图书馆和"世界医学史研究主要资源之一"(Wellcome Trust,2007a)的维康医学史和医学知识图书馆。一些图书馆珍藏着少量不对外开放的资料善本,但研究者也可以通过自己所在的图书馆与其联系或者直接跟它们预约。

对研究者来说尤为关键的是关注各自研究领域的专业资料的集藏。《Aslib 英国信息资源词典》(Reynard 2002)是在这方面对研究者大有裨益的出版物之一。该词典分专业收编了各学科的详细资料,还包括一个复杂的索引目录及相关联系信息。许多大型图书馆在收藏其他具体学科资源总览的同时也收藏该词典。

"M25 协会"[1]按学科对其成员图书馆馆藏进行了分类;而"英国高等教育网"(HERO)[2]则提供了英国国内及其他国家图书馆的链接(下文中的许多图书馆都被包括在内)。COPAC[3]学术与国家图书馆目录是使用单个搜索页面检索英国多个主要图书馆目录的工具。

合法馆藏

在英国,有六座图书馆有资格收藏所有学科、所有项目的出版物,它们是:

- 大英图书馆[4]
- 牛津大学饱蠹楼图书馆[5]
- 苏格兰国家图书馆,爱丁堡[6]
- 威尔士国家图书馆,阿伯里斯特威斯[7]
- 三一学院,都柏林[8]
- 剑桥大学图书馆[9]

虽然在借阅方面有种种限制(另见第 10 章),但这些图书馆丰富的馆藏对研究者来说具有巨大的价值。

大英图书馆只要求出版商提供一份出版物以供收藏,而其他五座图书馆则要求提供多份。都柏林三一学院虽然地处爱尔兰共和国,但历史上的一项协议使它同样有合法资格收藏英国的出版物。北爱地区没有国家级图书馆。这一情况很可能维持下去,因为英国政府在1997年的一份咨询文件中就已经打消了在这一地区新建一座具有合法收藏资格的图书馆的念头。

《2003年图书馆收藏法案》(见 www.opsi.gov.uk/acts/acts2003/20030028.htm)更新了立法,把电子出版物也纳入了合法收藏范围。由此,将大大增加学术著作藏量,保存大量附加资料。

图书馆功能的延伸

图书馆一向是获取资料的主要途径,不论是印刷品、音像制品、数字资源,还是远程网络服务器上的资源,或是其他外部信息。而图书馆的功能和职责还延伸到了以下方面:

- 与数据库提供商谈判和签署许可协议
- 为外部实体提供文件递送服务
- 制定和管理与其他机构的合作性借阅方案
- 为读者提供图书馆使用培训(面对面或者在线进行)
- 提供学习场所
- 不一而足。

图书馆网站

大多数大图书馆都拥有自己的大型综合性网站。这些网站通常都包括详细的资源、服务和馆藏目录链接。但是,有些较小的图书馆并没有自己的网站。这就意味着,那些已经习惯于在互联网上查找资料的研究者,如果想要得到更多关于这些图书馆及其馆藏的信息,就得采用电话、信件、电子邮件等方式,甚至亲自上门咨询。

许多大学图书馆为博士和博士后研究者提供专用的网页，比如萨里大学的"研究者门户"[10]网站。

联 系 人

图书馆为解答常规问题通常设有某种形式的信息台或咨询处，而读者也可以选择利用图书馆网站或传单来解决疑问。

我们强烈建议那些经常访问某一个或多个图书馆的研究者去结识一位合适的图书馆工作人员，比如熟知某研究领域馆藏的图书管理员。有些图书馆单独安排了工作人员作为研究支持人员专门负责为研究者提供帮助。

研究者可以花些时间与图书管理员就所需要的信息进行交流，从管理员那里得到一些建议，比如哪些资源可以利用和如何利用图书馆资源等。经过这样的讨论，管理员会替研究者留意其他图书馆内关于此学科的信息资源。

在不同的机构中，图书管理员的称呼也各不相同。研究者可能会遇到"学科管理员"、"专业信息员"、"学习顾问"、"联络管理员"、"信息官"、"资源官"等称呼。

> 本书采用"图书管理员"一词，指的是任何为研究者提供指导的专业信息员。

咨询处或信息台

所有图书馆都会为使用者提供某种形式的帮助服务。有的是常设信息台，有的是常见问题咨询处，或者图书馆电子邮件咨询服务等。如果图书馆是由一个人经营的，那他不可能做到有问必答。在大型图书馆中，深层次的问题通常应该向恰当的专业工作人员咨询。

培 训

管理员总会热情地为读者寻找所需资料，这通常也是为了获得他们自己所需要的资源。迅速有效地查找、获取和管理资料的能力通常被称作资料读写能力。而为读者提供这些技能培训的任务自然落在了图书管理员肩上。

资料提供者数量无穷,他们通过不同的界面,以各种各样的方式提供着资料。所以如果能从专门从事资料查找和检索的专业资料员那里得到一些指导,研究者一定会受益匪浅。我们建议研究者不要放过任何一个培训机会。一旦学到了这些技能,就可以把它们运用到多种不同的环境中,节省时间,减少挫折。图书馆资料检索技能培训应该纳入博士或其他学术项目之中,甚至应该向企业雇员开放。

自由资料获取与需要资格认证的资料获取

互联网让人们有机会能够灵活方便地获取电子资源。图书馆也通过网络向读者展示出了令人叹为观止的电子资源,包括数据库、电子刊物、数据集等,使众多同时在线的用户不论何时都能进行灵活的搜索,并获取权威资料。用户可以订阅资料——或者无偿,或者有某些条件。

现在已经有越来越多的可靠资料能从互联网上自由获取,而且许多可自由获取资料的网站不仅内容翔实,组织编排也非常严谨(虽然也有许多其他网站令人怀疑)。然而,互联网上有可自由获取的资料并不意味着人人都有资格获取任何资料。举个例子,英国政府虽然在网上公开了很多由国家统计署(ONS 2004)出版的刊物和发布的数据,但对于众多商业资源来说,机构应代表能合法获取资料的用户缴纳订阅费,用户通常使用用户名和密码登录。国家对网上发布资料的批准协议条款规定得十分严格,而对违约机构的制裁也相当严厉,因此,图书馆在提供网上资料获取时都非常谨慎。许可协议的规定有:

- 如果协议仅限于教育用途,那么任何用户(包括工作着却仍能进入大学或学院电子资源系统的学生)不能将其用于商业用途
- 不得向任何第三方透露用户密码

- 该许可只对其指定机构的成员有效，所以就算研究者付钱成为另一座图书馆的外部会员，他也不可能获得其电子资料
- 对同时在线用户数量有一定限制，达到这一数量后，别的用户将无法获取资料，直至有人退出系统
- 在线用户获得的资料可能根据其获取方式和/或许可协议的规定而受到限制

图书馆和资料中心会选择那些与使用者密切相关且他们又能支付的电子资料。

关于密码

人们不仅在做研究和查找资料时会用到密码，在日常生活中也会大量使用。然而，密码也常常给人们带来不便。主要问题之一是用户需要记忆密码，并在不同情况下使用不同的密码。为此，英国高等教育和继续教育机构以及其他组织用了一套Athens系统来解决这一问题。在该系统下，用户只需输入一次用户名和密码就能获得彼此关联的多个资源。2006年，高等教育引进了一套新系统，适用于许多网上注册资源，而这些资源需要用户提供其机构的登录详情，这进一步简化了工作。

随着"一次性登录"(SSO)在信息提供者中的流行，Athens系统正变得更加高效便捷。用户们用他们的Athens系统用户名和密码登录获得某些资料后，如果想转到并获取此Athens系统中同一学科的其他资料，也不用重新登录。

然而，Athens系统并未包含所有资料，因而用户还得应付其他专门设定的密码。这些密码管理起来比较困难，因为既要使它们对合法用户可用，又要对其他任何人保密。这就往往要求用户输入一个密码来获得某条信息所对应的正确密码。密码需要经常更换，以保证只有合法用户才能获取资源。

使用图书馆的其他方法

如何检索图书馆目录的窍门和其他建议见附录一,包括以下方面:

- 图书馆资源
- 图书馆服务
- 图书馆的资料整理
- 使用图书馆目录

要点

- 花时间熟悉图书馆,熟悉其布局、馆藏、服务以及能提供帮助的人员
- 学会如何高效使用图书馆目录

清单

1. 你知道在图书馆的什么地方能找到研究所需的印刷品资源?
2. 本地图书馆有哪些可用的相关网上资源?
3. 你知道如何获取所需的网上资源吗?需要专门的密码吗?
4. 其他图书馆有你要研究的特殊馆藏吗?
5. 你认出并结识能为你的研究提供帮助的图书馆工作人员了吗?
6. 接受过使用图书馆资源的培训了吗?
7. 你是否熟悉
   - 分类法?
   - 编目及如何有效高效地使用编目?你知道图书编目的局限性吗?
   - 所需的专业图书馆服务?

如果不熟悉,请参阅附录一。

3 查询已有的研究成果

本章所描述的研究类型

  本章所提到的研究,是指那些由学术机构正在进行的、并且/或者由如英国科学研究理事会等主要科研资金团体所资助的研究工作。而其他的一些研究工作,则可能是由商业公司或者登记的慈善团体所支持的。大多数研究活动遇到的一个共同问题是,它们所参与完成的发表物可能并没有正式出版,或者不能通过商业渠道获得(灰色文献:参见第 10 章和附录 2)。

  与研究论文和其他学术文献(参阅第 11 章)相比,本章主要讨论的是介绍研究工作详细情况的发表物和资料,另外一种查询研究工作信息的方式是查找引文(见第 9 章)。

获取与研究有关的资料

  有关研究工作的详细资料往往很难获得,或者不对公众开放,这是因为:

- 它属于公司内部资料(例如关于新产品的资料)

- 它包含了一些敏感资料(例如个人资料)
- 它可能负有法律责任
- 它可能不能通过一般渠道出版

有关细节,用户可以在学术性出版物中找到,例如论文、期刊文章、会议报告、预印好的资料或者报告等。上述材料都是能为研究活动提供辅助性作用的索引和向导。有些材料来源于研究人员自己所提交的资料。这表明他们:① 对索引保持关注;② 希望这些内容向公众开放。其他的材料由如研究用图书馆之类的机构负责维护,有些则直接从研究机构获取。

任何正在攻读博士学位或者从事其他高级研究的人员首先必须明确,他们的工作应当是原创性的。他们期望找到其研究领域内的其他研究活动的有关资料,以促进他们自己的工作。有些人主动进行尝试,以使研究数据和记录更加公开。有些是国家项目,其他的则可能是个人或公司商业性质的。网络技术的发展,使得研究工作的资料对使用互联网的公众更具开放性。然而目前并没有一个整理好的内容全面的全球性或全国性的索引。

研究工作的索引和网上数据库

英联邦高校协会年鉴

这是一部由 ACU(Association of Commonwealth Universities,英联邦高校协会)(Turner and Elmes 2006)出版的收录了超过34 000 条"分门别类的研究词条"的年度性出版物。其中包括研究中心、机构数据和联系方式等信息,涵盖了英联邦 36 个国家的约 500 所大学的资料。每个大学都有一份工作人员名单,记录了每个院系的科研人员和研究主管,以及主要研究领域的简介。

科学社区(COS)

COS[1](Community of Science,科学社区)是一个为科研人员提供其他研究者的资料(那些向网络提供了自己的资料的研究者)、研究机构的资料以及最新的资助记录和会议信息的网络。科研单位、企业和个人都可以加入 COS。它的成功之处在于依靠资助者自身的建设。用户可以检索研究人员的详细资料（通过 COS 专家数据库）和研究计划（通过 COS 资助研究项目数据库）。这些数据库可以通过关键字、地理位置和其他一些选项进行查询。

目前全球已有逾 1 300 家机构的成百上千名科学家和学者成为 COS 的成员。

CORDIS（欧盟研发资讯服务处）

CORDIS[2] 是欧盟（EU）的研究和技术开发门户，主要收录欧盟资助的科研项目相关信息。通过研究与技术发展（RTD）出版物的数据库，用户可以查询正在开展的与已经完成的科研计划、研究成果和出版物。这个数据库可以通过 CORDIS 网站进行访问，保存了自 1986 年以来的出版物信息。这些研究活动由商业组织、研究机构和大学等社会团体主持开展。而且，这项服务提供了高级且专业的检索功能，用户可以免费使用，但首先需要注册。

CORDIS 为检索在欧盟的研究计划中取得了突破性进展、获得了科技市场项目的最新研究成果提供了便利。CORDIS 图书馆允许使用者下载研究和开发文件、会议报告、项目计划和其他出版物。

其他数据库

此外，还有一批关于科研出版物的网上数据库，例如"博士参考数据"[3]。这些数据库的内容和检索范围非常庞杂，有些没有标明它们的出处或者所有权。虽然这些对查找研究活动有一定帮助，但是用户应当注意：① 这些数据库可能由商业组织运作；② 资料是由未经过验证的作者提交的；③ 它们不够全面。

NHS 国立研究注册资料库（NHS National Research Register）[4]

该注册资料库每季度更新，收录了"由英国全民医疗系统（NHS）拨款或关注的、尚未完成及新近完成的研究项目"（DoH

2007)。收录资料始于 2000 年。

当代法律研究课题数据库项目

伦敦大学高等法律研究院(Institute of Advance Legal Studies，IALS)的当代法律研究课题数据库项目(Current Legal Research Topics Database project)提供了令人感兴趣的新成果。该数据库旨在提供一份"综合性目录，包括英国法学院当前从事的研究型硕士或博士水平的法学研究"(IALS 2002)，针对的是研究生及其导师。它只有简要记录，没有详细联络方式，但为那些想要找到正在进行而尚未完成的研究课题的人们提供了有用的服务。

国立社会保健研究注册资料库（*National Research Register for Social Care*）

这一新近启动的注册资料库"会获取由地方政府社会服务委员会(CSSRs)实施或授权实施的所有研究"(SCIE 2007)。该注册资料库尚待完善。

英国科学研究理事会和其他资料机构

科学研究理事会

英国科学研究理事会(RCUK)是一个战略性的合作组织，由英国的七个科学研究理事会组成(RCUK 2007)。理事会以资金支持研究项目，而通过 RCUK 可以查阅它们的详情。用户可以检索理事会的数据库，得到正在进行的或近期内获得资金支持的研究项目的大致说明。

下面列出的这七个理事会都会发布它们所资助的科研项目的信息，有些还提供了研究活动的数据库：

- AHRC：艺术与人文研究理事会。颁发奖金详情见《奖项列表》。
- BBSRC：生物技术和生物科学研究理事会。BBSRC 的网上数据库和出版物名为《绿洲》(Oasis)[5]

- EPSRC：工程学和物理学研究理事会。在"Funded Grants on the Web"页面上可以查看它的信息
- ESRC：经济学和社会研究理事会。该理事会网站 ESRC Society Today"会提供有用研究的概述，这些有关特定社会科学学科的研究既有计划中的，也有进行中的。ESRC Society Today 还将 ESRC 资助的所有研究汇总在一起，非常有希望充当其他重要在线资源的网关"(ESRC 2007)
- MRC：医学研究理事会
- NERC：自然环境研究理事会。可以从"Grants on the Web"(GOTW)页面访问它所资助的研究项目数据库，其中包含了许多研究项目的链接
- STFC：科学与技术设施委员会。由 PPARC(粒子物理与天文学研究委员会)与 CCLRC(科学研究理事会中心实验室理事会)2007 年 4 月合并成立

HERO[6] 网站也提供了对英国的研究理事会和研究活动信息的访问。

其他的团体和资助机构

还有其他团体承担并资助研究。包括慈善基金会和其他基金会、全国性或国际性资助组织和学术团体。此类团体的详细情况可见于《津贴在册》(*The Grants Register*，Palgrave Macmillan 2007)之类的出版物。

大 学 院 系

大多数大学提供了它们院系中正在进行的研究的有限信息。如果不清楚某些特殊项目领域内正在开展的项目网站，那么查找每个大学中进行的研究项目会相当困难。

慈 善 组 织

慈善组织经常从事或者直接资助高等教育领域内的研究。医学慈善组织可能会同科学家一道在医院中进行研究，其他的

一些组织则会自行开展科研活动。大型慈善组织,如维康信托、癌症研究院、约瑟夫·朗特里基金会以及行为研究,往往在其网站上提供研究项目详情和出版成果。

论　文

博士学位论文

博士学位论文是一种做出重要的原创性学术贡献的科研成果出版物。它由高等教育组织授予,通过论文答辩的研究人员能在其名字前面冠以 PhD(博士)之类的头衔。在英国,通常称这种出版物为 theses;在美国,它被称作 dissertations(这个词用于类似英国已授课的研究生和本科生项目)。

此类出版物资料的获取方式多样。在英国,《论文索引》(Expert Information 2007)和大英图书馆是这类资料的主要来源(见下文)。而查阅其他国家的论文可能不会这么简单。《国际论文摘要》(*Dissertations Abstracts International*)是一种列出美国和其他国家论文详情和摘要的出版物(参阅下文)。有时候,博士学位论文以商业形式出版。在这种情况下,应该会有参考资料记录。

论文全文逐渐可以在网上获取。在英国,提供网上论文的一种新模式电子学位论文在线服务(EThOS)将为论文撰写做准备,并成为供应中枢,不仅提供所有论文的参考文献记录,还提供递送全文的方法。

硕士论文与博士论文编录索引的方式不同,这令查找过程变得更加困难。需要提醒的是,这类出版物所包含的资料不一定是原创性研究,而且研究机构可能只在有限期限内保存副本。

大英图书馆与 EThOS

大英图书馆馆藏以及可通过"英国论文服务"[7]获取的英国论文记录,可使用"综合目录"里的"文献供应项目"进行检索。

论 文 索 引

论文索引为用户提供了检索英国和爱尔兰高校高等学位论

文（Expert Information 2007）的服务。资料来源于各个大学提供的文献详细资料。它有印刷版和网络版通过订阅两种版本，并且可以按照作者、关键字、题目和类别进行检索。《1716—1950：回溯式论文索引》仅收录了自 1970 年以来的书目列表，《论文索引》（自 1950 年）则收录了 1970 年以来的大量摘要。从提交到出版的时间跨度约为三个月。

论文摘要数据库

这个订阅数据库由美国的出版商 UMI[8] 提供，收录了超过两百三十万份博士和硕士论文的资料。覆盖时间由 1861 年开始至今，1980 年以后的资料条目包括了摘要。它主要侧重于在美国发表的作品。逾 75 万个题目可以通过网络获取全文。

检索独立学术图书馆的书目

大学图书馆将它们馆藏的论文编入书目中。如果使用者对指定课题领域内的相关站点缺乏了解，那么以这种方式检索出版物的工作量将会非常浩大。

学术机构的大量论文逐渐可以网上免费获取。有时这些论文可以在相关部门网站找到，但随着机构存储量的增加，更多论文以此方式存储、递送。

要点

- 研究者需找到当前与过去研究的详细情况，以通晓自己的工作
- 获取详情可能困难重重，因为许多资料是灰色文献

清单

1 你查过当前研究的索引与数据库吗？
2 你找到由资助机构及其他团体资助的当前研究了吗？
3 你找到相关论文了吗？

4 所需资料的类型和详情

导 言

在准备开始查找资料之前,明确所要查找的(以及不必需的)资料是很重要的。显然,研究者不可能对未知的资料做到面面俱到,但他们可以利用最基本的知识来建立一张所需资料的概要列表。随意的阅读,以及同其他对于研究主题有一定了解的研究者交谈,就是一个对某个主题逐渐形成基本认知的良好开端。同时,加入适合自己的邮件列表和最新资料简报(另见第 15 章)用以搜集相关信息和了解当前的研究动态,对于研究人员也是大有裨益的。随着课题的展开,研究者的研究经历也使得他们自身对于资料来源的知识逐步增加。他们也会逐渐剔除一些起初看起来必不可少的资料来源和条目。

在建立了如第 1 章所设计的获取资料的机制并且认真地定义了问题之后,研究者就为进入资料采集的下一阶段做好了准备,这就是界定什么是他们必需的资料。

资料的类型

当研究人员仅仅撰写一些简短的评论或报告的时候,也许参考某些关键书籍和期刊文献就已经足够,而不必阅读其他的文档。然而,随着研究工作的深入,对资料越来越大的需求就将变得显著和迫切。例如,当一个研究者对妇女在工作场所中的情况进行调查时,他可能需要引用一些资料片断,类似1970年的《同工同酬法案》,或者在某一特定时期内政府对于妇女工资的统计数据等,用以增加这项研究的说服力。这样的信息和资料也可以作为后来的研究论点的论据,或者用来追溯历史背景。

在着手查找之前,研究者需要审慎地甄别所有与他们(或他们所关注)的研究工作相关的资料来源。当研究工作逐渐展开时,对于资料的需求也会相应地发生变化。例如,百科全书对于工作初始阶段的总揽具有相当的辅助作用,但随着研究的深入,会需要更专业化、更加详细的资料。或者,研究人员可能会接触到对某一情形的相互矛盾的报告,这时他们应查询一些主要资料来确定哪份报告更加精确。

因此,研究人员应当确定:

1. 所需资料的形式(见附录2);
2. 这些形式的资料的分类类型(例如,会议时间、辞典、教区记录、期刊文章、演出视频、原始数据库);
3. 这些主要的和(或)次要的资料来源是否必不可少(见下文)。

其中,第二条和第三条应当同时考虑。

以下是资料的一些具体例子:

- 书籍的章节
- 期刊文章
- 报刊文章
- 网站

- 统计资料出版物
- 政府官方出版物
- 数据集(原始材料与加工材料)
- 宣传册(传单)
- 论文
- 会议记录
- 大众出版物
- 课题领域内的专门文献
- 音像材料
- 公司报告
- 标准化文献
- 地方性或全国性记录(国会记录、地理记录、计划编制记录原始数据集)

同时,在利用这些出版物的时候,需要注意一些事项,例如数据采集的日期与出版日期之间所存在的时间跨度(参见附录二)。

资料的直接来源与间接来源

在研究工作中,许多研究要求研究者同时掌握参考资料的直接来源和间接来源。这两类来源界定如下:

1. 资料的直接来源,是对事件原原本本的记录,未经分析,未加评点。它可能是一系列数据,比如人口普查统计——已经按照一定的顺序进行了整理排序,但是并没有经过刻意的解释说明。它也可能是某个事件或者项目的第一手数据资料或者直接证据。在一些初始性的研究中,需要利用这些资料的直接来源。例如:

- 一位研究音乐的学者可能会为了弄清作曲家在创作某支乐曲时确切的谱写,而查阅其原始手稿

- 为了证实某种药物的作用,一位医学研究人员可能会查询在药物实验中的某些数据
- 一位调查某事件的研究者会阅读当事人的日记和信件

2. 资料的间接来源,是指对某个事件或者现象的解释或者分析材料。通常,这些资料主要用来描述或者说明直接资料。资料的间接来源——如教材——可能也包含部分直接资料作为其例证。下面就是一些资料的间接来源的例子:

- 一位研究音乐的学者可能会为了了解其他学者的观点而收集这方面的文章或者评论
- 一位医学研究人员可能会阅读关于某种病症的期刊文章,以期利用其他研究者在这一领域所得到的研究成果
- 一位历史研究者会查阅其他学者关于某一历史事件的解释性文章

某些类型的研究,必须采用直接资料数据。这些数据为一切分析和解释奠定了基石。研究人员应当明确,他们在开始搜集资料之前应当查询这些资料的直接来源,即使他们尚未确切地知道何种资是他们所真正需要的。如果需要参考间接资料来源,那他们就应当考虑适合研究计划的来源类型。

多学科与交叉学科

虽然大多数研究工作是在某个专门的研究领域内展开的,但是也有一些研究需要涉及两个或者更多的学科。其实,"研究工作日益多学科、跨学科"(BBSRC 2007)。这主要是由针对某一问题进行研究时的学科分工或者新的研究角度造成的。举例来说,一些研究者的研究领域包括心理声学(对于声学和人的心理感知的综合学科),法语新闻媒体中的性别视角(社会学和语言学的综合),农业工程学(包括植物科学,害虫和致病微生物,

生物燃料、杀虫剂和干旱等论题)。特别是随着新技术的发展,当前越来越强调对跨学科间边缘领域的研究工作。

而从一个更狭义的角度来看,即使在同一基本学科范围内,研究也可能涵盖两个或者更多的领域。例如,计算机翻译与语言学。

在涉及多学科内容的研究工作中,如果只从一个方向收集资料,可能就会造成仅仅针对研究课题入手的单一角度来开展工作的局面。因此,只熟悉某个研究领域资料来源的研究人员,就可能需要借助其他领域的相关资源。

界定研究的范围和限制

对所指定的研究的广度和深度进行清晰的划分,可以使研究工作始终保持在一个界定好的范围内。研究人员应当明确课题所涉及的范围,并且同样明确课题所不必涉及的领域。这些,可以通过明确研究的限制来实现。这样做可以达到以下目的:

- 决定何时结束搜集资料;
- 有助于确定所得到的资料是否与课题相关联;
- 使研究工作保持正确的关注方向,并因此避免课题向着难以管理的庞杂的方向发展。

比如,一个研究选民在选举中的政治冷漠的学者可能会决定:

- 对哪个或哪些国家进行调查(并且因此排除哪个或哪些国家);
- 选举的类型(政治选举:大选、地方选举;其他类型的选举,例如商会);
- 研究者是否关注特定年龄层次或者其他对选民的分类方法(以及因此确定不研究哪些类型的选民);

- 选民对于政党的态度,是否是针对所有的政党,还是一些特定的政党,或者仅仅是一般性的看法;
- 研究中包含哪些——诸如商会、职业政治家、媒体影响等被认为和课题相关的——因素;决定应当针对哪些因素进行调查,哪些则不必调查;
- 时间因素,指设定研究覆盖的时间范围。例如,不考虑时间的选举、20世纪所举行的所有选举、1997年英国大选,等等。

这只是一个笼统的例子。但是,假设没有为研究工作做出限制,研究将会很快扩展到繁杂的领域中,导致科研失去明确的关注方向,科研命题的界定也会随之出现问题。总而言之,研究者应当明确界定应纳入考虑的相关材料的范围。

有多少适用资料?

明确所搜集的资料数量是个难以回答的问题,但研究者应该考虑这个问题。数量很大程度取决于所进行研究的性质,比如是短文、博士论文,还是期刊文章,同时取决于可用的时间。参见第1章"明确研究目的和范围"。

已经知道了什么?

确定科研课题所需要的资料时,需要研究人员记录下他们已经知道的相关资料来源。在主要的课题范围或者标题内,列出可能找到资料的已知来源,这包含以下的全部内容:人物(领域内的专家以及个人联系方式),出版物,其他的资料来源如记录、音像材料、人工制品,组织和其他实体,相关的资料来源,如索引、网站、参考文献、网上数据库等。如果可以的话,还将对其进行进一步的检索以获得更多的信息。例如,书籍的章节中可能包含其他相关信息或者书籍的参考资料列表。

设计资料查找策略

花几分钟考虑查找研究课题资料的总体策略是值得的:

1 背景资料:资料来源包括一般概括性介绍或出版物,如专业性百科全书。你需要多少背景资料?有时间去查找使用吗?

2 课题的关键资料来源是什么?你如何辨识它们?

3 有谁可以帮助你确定从哪里着手吗?

4 周边资料。你有时间阅读与课题相关的内容吗?课题需要进行大量阅读吗?

5 你要找的是有关该论题的所有内容,还是只有重要的基础著作,抑或介于两者之间?你应该能判定资料的重要性。忘记提及有关某个论题的关键著作会造成非常严重的后果。

要点

- 确定研究工作是否需要获取直接来源
- 对所需来源类型心中有数
- 仔细考虑手头课题所需资料的数量
- 在与多学科工作相关的其他学科中找到主要资源
- 详细界定研究范围以防"研究跑题"
- 记录已知来源

清单

1 最终成果是什么?是简单摘要、数千字的记录,还是论文、深度报告或专著等大型著作?

2 适于此类工作的研究/时间/资料有多少?

> 3 该项目可用多长时间？
> 4 所需材料的类型是什么？
> 5 你了解获取直接来源的困难吗？
> 6 其他学科有相关的资料来源吗？
> 7 你为研究工作明确设限了吗？哪些内容不准备纳入？研究的边界在哪里？
> 8 你记下与该项目相关的已知来源了吗？
> 9 你大致了解自己的资料查找策略吗？

5 查找相关资料

发现资源:哪里可以找到相关资料?

在明确了什么资料是研究所需要的之后,就需要按以下三个步骤来获取这些资料:

- 查找资料——在指定的课题领域内找到科研所需的资料
- 定位资料——确定资料记录的位置
- 获取资料——最终获得所需的资料全文

资料的提供者,如联合信息系统委员会(JISC)和图书馆等单位,正在着手建设无缝隙服务,这样,用户一旦找到了资料,就能立即获取最合适的资料拷贝(即研究者能最快、最近、最易使用的拷贝)。虽然在某些领域,这项新的技术已经实现(取决于定制服务情况和服务提供者的具体情况),但这种服务在目前并没有普及,并且可能同样需要上述三个步骤。

查找资料,指的是查找同课题相关的、已经存在的资料细节(如参考文献等)的过程。在具备许多可以利用资料的情况下,研究人员可以顺利地开展工作。虽然也存在其他形式的可资利用资料,但大体来说,这些资料主要包括摘要、索引、目录和参考文献等类型。

本章主要向读者介绍哪里可以查找到合用的资料,以及网上数据库的基本特点。第 6 章将为读者详细说明如何查找资料。

什么是摘要和索引?

许多期刊都提供其内容的索引,通常在每年的年末出版。总索引是一种不常用的索引形式,因为虽然对于工作大有裨益,但是这种年度索引仅仅包括了一年中一个标题下的目录列表。如果没有其他的资料来源可以利用,期望在更大范围内获取资料的研究人员可能不得不浪费大量时间,来详细阅读所有涉及研究领域的索引,而这是一种远远不能令人满意的工作方法。为解决这种状况,一种涵盖了大量主题的索引服务便应运而生。例如,《传记索引》(*Biography Index*)涵盖了关于所有学科的个人与组织逾 3 000 种期刊和 2 000 部专著的文献资料;《史学摘要》(*Historical Abstracts*)对于史学领域的文章发挥了类似功能,收录了逾 2 000 种期刊的资料。同时,有更加广泛的、涉及跨学科内容的出版物可供查阅,比如包含生活、健康、自然科学、社会科学和 *IBSS*(国际社会科学参考文献)的斯高帕斯数据库(Scopus)。

索引仅仅提供了关于文章中参考资料的某些细节,而摘要服务则提供了文章的简略概要。可是,索引服务有时候也包括了摘要的内容(可参阅《论文索引》)。这种列出文章摘要的做法使得研究人员在选择文献的时候因为对内容有了大致了解而更具辨别力。

一些合集已经刊行多年,例如《化学摘要》(*Chemical Abstracts Service*,CAS)对 1907 年以来数万种科学期刊中与化学相关的文章进行了索引和总结,并且附有专利、会议记录以及其他与化学、生命科学等相关领域关联的文献。这种提供了超过 2 700 万件文献资料的摘要服务,也可以通过网络查阅。

出于高级查阅和检索的要求,如《化学摘要》等刊物的出版者提供了设计好访问检索选项的网络服务。查找印刷品会耗费大量的时间，造成复杂拖沓的情况，研究人员不得不小心翼翼地进行处理。然而，网络服务可以让研究者根据摘要中的文字进行关键字查询，并且可以检索其他的范围，例如索引术语（或者描述符）、记录语言或者作者相关信息（但有难度）。结合这一点，使用者可以非常高效地处理检索及其结果，并且可以建立检索提示信息（参见第15章）。

网上参考文献数据库

网上参考文献数据库，是一种存储期刊文章和其他相关资料如书评、报告、会议记录等的参考文献信息的电子形式。虽然这种数据库有些以光盘的形式出现（在某些机构中也同时被放置到局域网络中），但大部分还是通过万维网来进行访问的。网络数据库可以更加便捷地进行更新，而且通过互联网进行查询的方式也更易为用户所接受。

虽然仅仅使用搜索引擎就可以检索到万维网上很多有价值的信息资料，但绝大多数有价值的资料还是被收集在了难以被检索到的数据库中。这些网上数据库的用户为了获取以下这些服务而必须交纳一定的费用：

- 具有良好分类整理结构的数据库
- 能够以结构化的形式进行搜索
- 数据库中的专门内容
- 分类和辞典化的结构

随着印刷版本的刊行，多数的大型索引类和摘要类信息都会随之推出网络版本，甚至这些网络版本会完全取代印刷版本。使用互联网数据库的另外一个好处在于，在很多情况下，它附加了有效链接和工具，可以快捷地查阅从参考资料到全文的内容并下载选定的内容或参考文献详情，而这在这些数据库的印刷版本中是不可能做到的。

数据库常常是由OVID或ProQuest CSA之类的商业性代

理商来进行维护的。用户需要支付使用费并且签署许可协议方可使用(通常由其所在单位支付并签署,另请参阅第2章)。

保存在参考文献数据库中的记录

保存在参考文献数据库中的记录,包含了印刷版本的摘要和索引等内容。然而,仅提供参考文献信息和摘要,与提供全文服务之间的差距正在变得越来越模糊。随着出版社之间达成协议,尤其是创建了 CrossRef[1],再加上信息环境与开放式 URLS(见第16章)的开发的要求,许多这样的资料提供者提供了指向位于某个独立站点全文的无缝链接。

通过类似 IngentaConnect[2] 这样的数据库,用户可以查阅到他所在单位已经订购的期刊全文,但是也可以在整个数据库中搜索其他文献包括摘要在内的记录(自然也可以通过其他的资料来源搜索到其全文)。这一章主要涉及查找参考资料的细节和摘要,而关于全文的检索将会在第10章中介绍。

资料在数据库中的存储方式被称作"记录",它包含了保存在指定类别内的参考文献信息。这些指定信息类别包括:

- 作者
- (文章的)标题
- 来源(文章在哪里出版)
- 哪一卷
- 哪一期/哪一部分
- 出版日期
- 加入数据库的日期
- 摘要
- 主要的搜索描述符/主题标题
- 次要的搜索描述符/主题标题

例如,图5.1中所展示的记录,就是利用剑桥科学文摘

(Cambridge Scientific Abstracts,CSA)制作的《社会学摘要》(*Sociological Abstracts*)查询到的。

每一个被检索到的资料项和作者名,都链接到了数据库中相同作者的其他记录。加粗的文字则表示用于搜索记录所使用的关键字。描述符可以用来继续检索,检索范围可以扩大或缩小。

网上数据库的相关事项

DA:数据库　ProQuest CSA 社会学摘要
TI:标题分类:1964 年到 1997 年间,相关社会阶层对英国独立选举的持续影响
AU:作者安德森(Andersen),罗伯特(Robert);赫斯(Heath),安东尼(Anthony)
AF:单位　英国牛津大学社会学系
SO:来源　欧洲社会学评论。2002 年 6 月号,第 18 卷,第 2 期,125—138 页
IS:ISSN 0266-7215
DE:搜索描述　*社会阶层,*选举行为,*英国,*阶层差异
AB:[摘要]本文着眼于英国独立的社会阶层和相关社会阶层的重要性,并扩展了前人的研究成果。我们采用了多层次的分析框架,考察了从 1964 年到 1997 年英国的选举情况,并研究了人口普查中关于选民的社会成分的数据。本文的目的在于,检验选民所处的社会阶层结构造成的独立社会阶层的实际影响的重要性是否在随着时间而减弱。我们发现,在研究所涉及的时间内,相关社会阶层一直在发挥着重要而清晰的作用。而且,选民来源的多样性在逐步增强。虽然在保守党选举中,由于相关社会阶层和独立社会阶层的影响,这种多样性的比例保持了明显的稳定性,但是这种现象在工党选举中却在减少。最后,我们发现了能够证实社会阶层在选举中作用的证据,不过并没有证据能够支持选民个人主义倾向增加的说法。本文包括三张表格,五份图表,一份附录和五十种参考资料。改编自原始资料。
CD:CODEN ESOREP
LA:语言　英语
PY:出版年份　2002 年
CL:分类 0925 政治社会学/互动;政治系统社会学,政治,权力
UD:更新日期　2007 年 4 月 1 日
AN:检索编码　200216413
JV:卷次　18
JI:期号　2
JP:页码　125—138
CP:出版国家　英国
PT:出版物类型　期刊文章

此版本获 ProQuest CSA 的许可

图 5.1　参考资料记录示例

虽然搜索结构化数据库的规则大同小异，然而每个数据库也都有其独自的特点。有些易用，但是搜索条件过于简略；而有些则过于复杂，但是可以进行策略性的目标搜索。因为数据库的基本结构存在差异，所以最好利用"帮助"功能来了解它们的特点。数据库实际上相当于它所保存的信息的集合；如果搜索请求不能被系统识别，很有可能搜索到不合适的结果，甚至搜索不到资料。

内容与涵盖的范围

一个数据库通常包含有以下内容：

● 数据库所涵盖的主题
● 数据库索引的序列号

在确定是否就某一问题使用某一数据库的时候，这些资料可能会具有很大的价值。如果无法获得这些内容，那么用户就需要向数据库提供商索取。例如，维护《心理学资讯》(*PsychINFO*)数据库的 APA[3] (American Psychological Association，美国心理学协会)，就会提供一份期刊索引列表，并且附加了与内容相关的信息。

数据库内容另外一个值得关注的方面是它所涵盖的时间范围。如果一个数据库所包括的时间跨度不能满足用户的需求，那么用户很可能不得不花费时间访问其他数据库。有些数据库包括了历史资料，但是这些资料的年代越久远，收录工作就可能越不完善。研究人员可能会发现，数据库所收录的含有引文细节的记录可以追溯的时间要远远早于摘要。

许多数据提供者如今都创建了涵盖具体静态时段的归档材料数据库(如上文中的 Inspec)。

研究人员可能会关注资料更新的频率，特别是当他们关心检索到的是否为最新的资料的时候。

> 比较以下数据库的时间范围：
> - 《生物工程文摘》(Bioengineering Abstracts)，包含 1993 年以来的资料；
> - 《法律期刊索引》(Legal Journal Index)（通过 Westlaw 获取），包含 1986 年以来的资料；
> - 《艺术文摘》(Art Abstracts)，包含 1984 年以来的资料；
> - 《会议论文索引》(Conference Papers Index)，包含 1982 年以来的资料；
> - 《语言学与语言行为文摘》(Linguistics and Language Behavior Abstracts)，包含 1973 年以来的资料；
> - 《国际经济学光碟资料库》(Econlit)，包括 1969 年以来的资料；
> - 《物理学、电子技术、计算机及控制技术资料服务》(Inspec)，包含 1969 年以来的资料；《物理学、电子技术、计算机及控制技术资料服务存档》(Inspec Archive)，包含了 1898 年至 1968 年的资料；
> - 《IBSS—国际社会科学参考资料》(International Bibliography of Social Sciences)，包括 1951 年以来的资料；
> - 《心理学资讯》(PsycINFO)，包括 1887 年以来的资料。

网上数据库的检索选项

要注意的是，不是所有的数据库都包括以下这些选项。但是了解了检索选项，数据库才可以实现它的最大效用。

大小写区分

多数数据库并不区分大小写。在检索时使用合法引用的时候，合法数据库不要求使用标准的标点符号。

结构化检索查询

大多数数据库需要采用结构化的检索形式，学习一些检索技巧会大有益处（参见第 6 章）。在使用过程中，结构化检索是由设定好的检索对话栏辅助实现的。适当的结构化检索可以令使用者高度精确地获得他们所需要的资料。

快速检索和高级检索

大多数数据库可以让用户在快速检索和高级检索这两种模式间进行选择。当需要查阅信息概况,或者用户不确定所需记录的数量时,快速检索就非常有用。而且当使用精确术语等进行检索的时候,快速检索也很方便(因为这两种情况下不会得到数量庞大的检索结果)。而高级检索可以让用户进行精确查找,通常使用复杂的限定条件。

检索界面

数据库的检索界面往往为用户提供了下面一个或多个选项:

- 可供自由输入的文本框,使用户准确地输入所需要的检索条件(例如标有"命令行检索"、"条件和连接词"或其他一些形式标题的对话框)
- 可供用户输入用逻辑运算符(通常由下拉式菜单进行选择)连接的检索条件对话框
- 检索方式限定对话框,例如"包括所有条件""包括某些条件""包括精确词组"等

参阅第 6 章,可以获得运用逻辑运算符和其他条件限制的详细说明。

特定类别检索

数据库是由某些特定领域内的相关信息资料组成的(见表 5.1)。利用特定类别进行检索可以大大提高检索的机动性和精确性。这可以通过在下拉式菜单中选择想要查询的类别,或者在检索条件中加入类别缩写实现。举例来说,

> 检索特定作者或资料时,输入以下查询内容:
> - Greenfield in AU(澳大利亚的荒地)
>
> 或者
>
> - Business accounting in SO(索马里的商业账目)

在标题类别内进行检索,可以获得比检索整个记录或者摘要相关性更好的结果。这是因为,检索条目很可能是关于某一主题,而不是一个大课题的表述中的一部分,它更可能和资料主题相关,并可以缩小检索的范围。例如,我们可以将表 5.1 中的检索结果进行对比。

表 5.1 不同类别下的检索结果比较

类别	查询到的记录数目
关键字	14 455
描述	13 342
摘要	2 324
标题	874

检索请求:'Discourse analysis'(论述分析)
来源:检索《语言学与语言行为文摘》(Linguistics and Language Behavior Abstracts)2007 年 11 月 4 日

通常情况下,用户可以在检索时选择所需要的出版物的种类(期刊文章、会议记录或者报告)。缩小检索范围有助于集中检索结果。

利用已知期刊的名字进行检索,有助于:

- 查找用户已确认应访问的期刊中的文章记录。期刊名可以和其他关于某一主题下文章的检索条件配合使用
- 获取某一特定期刊的最新内容

用户可以从一份指定的列表或者标题类别中选择期刊,并

检索所需的资料类别。

辞典式检索

在一个包含了辞典的数据库中，强烈建议用户尽量利用辞典这项功能。在数据库的辞典中进行检索，有助于选择已经被系统进行过索引处理的限定条件。这项功能还被用于提供相关、更广或缩小的检索建议，以及更好的检索条件选择。这些检索条件还可能包含它们在数据库上下文中的含义说明。为方便检索，辞典中的检索条件可能带有活动链接。

为了便于检索，有些数据库包含了已识别的主题标题。例如，联机医学文献分析和检索系统(*Medline*)在它自身的词库中收录了有关 MeSH 内容的标题。

索引检索

按照字母顺序做了索引编制的条目被称作索引列表。它在检索并浏览某一词汇的不同形式时很有帮助。索引列表和辞典条目类似，也可以通过活动链接对指定条目进行检索。

相关资料的检索

有些数据库(和公用在线查询目录)为用户提供了查询相关资料的功能，即查询与已检索到的信息主题相同的资料。这是一项非常有用的功能，通过它，用户就能够访问那些因为没能与检索限定相匹配而被遗漏的、却也与该主题相关的记录。

"知识网络"(*Web of Knowledge*)数据库就提供了这种功能。

举例说明，在检索记录的时候使用如下检索限定：

multiple sclerosis AND cannabis(多结硬化症 AND 大麻)

> 得到的结果包括：
>
> 科尔勒斯坦（Killestein J.），保尔曼（Polman C. H.）(2004)："大麻在多结硬化症中的作用：它们有疗效吗？"，《药物》第 64(1) 期，第 1—11 页。
>
> 而利用"检索相关记录"，则能找到大量关于此内容的信息，例如：
>
> 帕赫（Pacher, P.），白特凯（Batkai, S.），库诺斯（Kunos, G.）(2006)："作为药物疗法新靶点的内源性大麻素系统"，《药理学评论》秋季刊，第 58(3) 期：第 389—462 页。
>
> 这在第一次检索中就没有被找到。

多数据库检索

某些维护多个数据库的大运营商（例如 CSA 或 Ovid）所提供的系统，允许同时检索不止一个数据库的内容。这虽然会产生大量的检索结果，但也节省了宝贵的时间。又如联机医学文献分析和检索系统（*Medline*）和"心理学资讯"（PsycINFO）等数据库中包含了许多按照时间跨度划分的子系统。这样，用户可以根据自己的需要选择适合时间跨度。当按照时间跨度检索的时候，用户必须注意数据库中信息资料的日期到底是指文章的出版日期，还是指加入数据库记录的日期。

随着技术和数据库标准的不断提高，检索不同运营商所提供的数据库将变得越来越普遍。图书馆可能有联合或交叉检索系统，用户可以在图书馆能使用的全部数据库或部分数据库进行检索。尽管这有用又省时，能检索未考虑到的数据库，但存在一大隐患：因为所有数据库的结构都略有差异，那种检索不如在每个数据库本地接口内进行检索有效。该难题困扰着信息共享。这可以参阅第 16 章。

理解记录的含义

检索到的记录数量

随着检索工作的进行和检索结果的不断增多,控制检索到的记录数量,是将检索结果缩小到一个可以处理的数目的关键。否则,即使在一个狭小的主题范围内,也会检索到庞大的记录结果。这也可以提醒用户检查是否在检索中出现了错误。

设定检索编号

"设定检索编号"这个概念,用于描述某个检索条件所返回的结果。数据库可能会提供使用逻辑运算符进行组合设置的功能,或者在编辑检索条件的时候可以选择或加入设定。设定可能由♯号进行编制。在这种情况下,用户可以通过使用设定编号来输入检索条件。例如:

♯3 AND(季节雨或雨)

设定 3 就是先前的某个检索条件(例如孟加拉或印度)。

改变显示方式

在结果列表中,可能会有多种关于细节的显示方式可供选择。简明引文列表可以用于浏览相关资料的结果,或者快速鉴别记录是否符合要求。为了更精确地评估文章内容的相关程度,用户会检索可供使用的摘要和关键词。他们按照期望的显示方式来选择类别。可用的选项包括:

- 引文:关于作者、标题、出版物、卷号、期号和日期的简明信息
- 引文和摘要:上述内容,以及文章摘要

- 全部记录：记录中包含的所有信息
- 除参考资料外的全部记录：如果数据库包含了参考资料项目，那么记录会变得更加冗长
- KWIC(Key Word in the Context)：文中的关键词。通常在评估记录的匹配程度时，会使用记录中包含关键词的简要摘录。如果使用了截词符这样的工具，用户会轻易地摘出任何不需要的关键字，或者不包含检索信息的同形异义字。之后用户也可以编辑检索，使得结果更符合要求

不论选择何种显示方式，通常情况下检索到的检索结果会用粗体或者有色字体显示。

记录通常按照出版日期采用倒序排列方式显示（最新的记录最先显示），但往往用户可以自行选择结果的排列方式。

浏览结果

用户通常可以使用方向箭头（◀▶），或者点击"下一条""上一条"按钮对显示出的检索结果进行滚动浏览。在查阅某条记录内容时，也可以通过某个按钮或者链接返回到检索结果列表。

同时，也会有在结果中检索的选项，使用户缩小检索的范围。

记录中的链接

记录中的条目可能会以超级链接的形式出现。点击这些链接可以查看包含这些条目的其他记录。通常可以通过链接检索：

- 作者姓名
- 期刊名称
- 描述语

虽然这些选项可能会检索到大量的结果,不过这仍然是一项非常有用的功能。通过它,用户可以检索相似特征的其他记录,或者同一作者的其他文章,等等。

整 理 结 果

对记录进行标记

大多数数据库允许用户利用勾选框或者"标记记录"按钮,对记录进行标记(或者加入标签)。利用这项功能,用户可以标记下他们认为最合适的结果,然后通过"显示标记记录"按钮来筛除未被选中的记录。这样,他们所得到的就是一份更为简短而适用的结果列表。

打印、保存和以电子邮件形式发送记录结果

为了妥善的整理研究资料,用户应当经常及时地将相关资料的记录以某种形式保存下来。当访问图书馆查阅资料的时候,把记录列表打印出来是一种行之有效的方法。然而,保存一份参考资料的电子拷贝也是可取的。这样在创建记录或参考资料列表的时候,可以更加方便地编辑文本,而且节省了重新输入文字内容的时间。电子拷贝可以通过直接下载或将资料以电子邮件的形式发送给自己这两种方法来实现。

在使用参考资料软件时(请参阅第13章),查询结果有时可以直接下载于指定的数据包中。如果可以的话,用户应当检查每个他所使用的数据库是否有这种功能。

数据库也会提供选择要打印、保存或者发送的记录内容的文字区域的选项。例如,保存整个记录,或者仅仅保存引文和摘要。通常情况下,用户可以精确地选择保存哪些记录,如保存当前显示记录、保存标记记录、保存所有记录、保存特殊选择记录等。

检索的历史步骤

每次检索的步骤都被记录在检索历史中。它通常被显示在

检索页面，通过每一步检索过程得以创建，或者显示在一个单独的页面中。利用这项功能，用户可以对已经执行过的检索进行组合、编辑或者重新执行。

检索历史步骤如果对留存记录有用，可以保存或打印。

保存检索步骤

如果检索步骤被保存下来，那么在下次访问同一个数据库的时候它可以被重新调入。用户可以浏览这些检索结果，或者重新执行这些检索来对结果进行更新。

提示

提示将资料保持更新（参见第15章）。

特殊事项

因为数据库内容浩繁，不尽相同，用户在使用时应当特别注意每个数据库的特殊事项。数据库的管理员可以协助考虑这些事项，并及时提醒用户。举例来说，"科学指引"（*Science Direct*）数据库要求用户在开始检索之前打开检索历史步骤功能。

（在可用的情况下）使用数据库所提供的注销按钮来退出访问也是很重要的，特别是在数据库的许可协议限制同时使用用户数量的时候。在这种情况下，不正常退出会导致其他用户不能访问数据库。

帮助功能

数据库的"帮助"功能，有的很少被使用到，有的则是综合性嵌入式检索装置或索引，差异很大。然而，用户应当察看这些可用的帮助功能，以更有效率地利用数据库及其所提供的功能。

电 子 书

术语"电子书"的含义难以精确界定，问题在于，电子书可以是印刷书籍的精确数字版（或图像），其内容同实体版本本质上并无二致，也可以是复杂的数字对象，具备网上数字领域能提供的所有优势。这意味着电子书的检索功能丰富多样。其检索更加灵活，也能使用提供的逻辑检索和模糊检索，高校图书馆电子书资源即是如此。

牛津学术在线的多学科专著资源可以进行全文检索，还提供了摘要（借鉴了期刊格式）与相关参考书目的动态链接。其他有用的功能包括突出检索词以及便于在各章节浏览的导航面板。EEBO(Early English Books Online,早期英语图书在线)的模式则不同，这是影印图书资源，用户能"看到"这些历史文本的原始页面。可以通过"文本创建公司"添加功能，使得全文检索和其他检索成为可能。Knovel数据库不仅包括出版物的文本，还包括数据库和电子数据表之类辅助资料。Knovel图书馆馆藏图书包括提供的相关附加数据，能下载和复制。

在数字领域，页面的概念有时会变得不恰当，尤其是对于原生数字资料而言。但是，假如图书（或期刊）为了引用起见需要同印刷版有所关联，网络版很可能保留了特定的实体结构，或提供了印刷版结构的标记，即在新页面开头的页码。浏览长篇文本可以借助使用导航窗口，导航窗口用能展开与折叠的列表将章节标题合并，迅速转换使用检索词，并在页面间浏览。检索功能允许文本间受控检索。NetLibrary或eBrary之类的资源具有评注插件，能使登录用户"草草记录"个人评注，以及界定术语的内置词典或标明选定文本的高亮插件，还有高级检索功能以及允许精确检索和灵活检索的主题词之类的综合资料。

电子书往往由出版社自己或者集纳多家出版社图书的集成商提供。电子书可以作为系列出版物的一部分获取，如爱思唯尔(Elsevier)"科学导引"的系列出版物。爱思唯尔"科学导引"还包括大百科全书，是其参考书目之一。尽管许多电子书资料或系列出版物仅对订户开放，但也有一些著名的免费电子书资源，如古登堡项目，它包含了不再受版权保护的图书和其他出版物。还有一个著名的电子书出处是谷歌，那里有大量数字化了的图书,可以获取所提供的全文或部分章节。

读者可能不愿阅读大量文本,尤其是小说,但在屏幕上,小说的电子版会令想要分析文本并在文本中检索词语的研究者获益匪浅。目前,图书馆通常更喜欢电子书的网络版,而不是某些其他可用平台。

书目和参考文献

在 RSLG(研究支持图书馆小组)的一份评估高校图书馆的报告中称,"公用在线查询目录是目前研究者最广泛使用的查询工具"(RSLG 2003)。无论是图书馆还是出版者的书目,都可以在查询资料项目的时候发挥重要作用。检索本地图书馆的书目很有效,因为访问这些图书馆的资料非常方便。在检索更大的范围,或者某些高度专业性的条目时,就有必要采用大英图书馆或者 COPAC(大学暨研究图书馆联盟在线公用查询目录)等的书目总汇。

由于图书出版商出版图书,他们应当保存着最新的书目资料。但实际情况是用户不得不因此而查阅许多各不相同的书目。除出版物标题外,这些书目不包括其他信息。大多数出版商提供印刷版和网络版两种书目列表。

某些出版商主要侧重于一些特殊选题,研究人员就会对自身研究领域的出版商更为熟悉。

大多数的主要学科都有包含这门学科的参考书目。印刷版参考书目虽然可能不那么经常更新版本,但这在查阅先前的出版物时也会提供很大的帮助。《大英国家参考书目资料》(*British National Bibliography*,BNB)涵盖了所有的学科,收纳了先前已经发表的题目和定期更新的题目,通常是每月出版一份光盘版本,每周一份印刷版本。

在检索资料的时候,网上书店可以被用作在线书目。

研究型图书馆

按照本章的目的,"研究型图书馆"可以被定义为一个巨大的图书馆,收藏了极多全国性的资料,以供一个或者多个学科的研究者使用,并可充当资料库。

英国国家图书馆

英国国家图书馆包括大英图书馆和苏格兰国立图书馆、威尔士国立图书馆,保存了全国的出版物(最近还有电子出版物)。这是由一个法律规定的资料搜集体系实现的。这个体系规定出版者向图书馆提供每一份出版物的副本,或者授权图书馆索取每一份出版物的副本(请参阅第 2 章)。所有这些资料都提供网上目录可供免费查询。国家图书馆也可能发布一份全国性的印刷出版物参考资料,如英国的 BNB。

英国的专门性国家图书馆还包括:

- 设在维多利亚和艾尔伯特博物馆的国家艺术图书馆(The National Art Library at the Victoria and Albert Museum[4])
- 国家卫生事务电子图书馆(The National Electronic Library for Health[5])(NHS—国家卫生署)
- 国家心理卫生电子图书馆(The National Electronic Library for Mental Health[6])(NHS)
- 全英电影机构国家图书馆(BFI(British Film Institute)National Library[7])

其他国家的国家图书馆

美国的国会图书馆收藏了很多种类的资料,并且为检索这些卷帙浩繁的资料提供网上书目。该书目可用专业检索技术以收到更好效果。

欧洲图书馆(The European Library，TEL)，收藏了欧洲的国家图书馆及其网上服务的信息；提供访问欧洲45家国家图书馆综合资源(数字与非数字的图书、杂志、期刊等)的门户；提供免费检索并递送数字材料(有的免费,有的收费)。

(TEL 2007)

通过万维网,用户也可以免费检索其他国家的国家图书馆所收藏的网上书目。通过访问大英图书馆网站或国会图书馆网上资源页面,使用者也能找到许多书目的链接。大英图书馆是由欧洲国家图书馆馆长大会(CENL)主持的MACS(多语言资料检索)计划的一个合作方。计划的其他合作方还包括：

- 瑞士国家图书馆(SNL)
- 法国国家图书馆(BnF)
- 德国国家图书馆(DDB)

这项计划主要致力于实现多语种、多站点地对欧洲各国的国家图书馆进行访问。通过它,用户可以使用自己选用的语言(英语、法语或德语)同时检索该计划的合作图书馆。

大学中的研究型图书馆

虽然所有的大学图书馆都是按照它们自己研究机构的需要来选取收藏文献的,但是某些图书馆仍然保存了研究人员感兴趣的全国性资料。在英国和爱尔兰的六个法定图书馆中,三个是大学图书馆：

- 牛津大学图书馆,牛津
- 大学图书馆,剑桥
- 三一学院图书馆,都柏林

用户可以通过公用在线查询目录(OPAC)来检索这些图书馆的藏书。

曼彻斯特 John Rylands 大学图书馆(JRULM)是英国最大的非法定学术图书馆。它搜集了种类繁多的资料,包括一些特殊资料。

对于某些特定的专业领域,一些大学的图书馆也收藏了大量专业性很强的资料。例如:

- 伦敦政治经济学院图书馆馆藏的社会科学资料;
- IALS[8] 馆藏的法律资料。

专业性的研究型图书馆

专业领域内的研究者经常需要在专业性图书馆中查找资料。这些专业性图书馆可以是非教育机构所属的、专业性实体、慈善机构或者研究中心的图书馆,比如博物馆。《ASLIB 英国信息资源辞典》(Aslib Dictionary of Information Sources in the United Kingdom)(Reynard 2004)收录了许多关于这类图书馆的条目(见上文)。

以下是涉及一些可以在公用在线查询目录中检索的主要专业领域的专业性图书馆:

艺术与人文:

- 大英图书馆彩饰手稿电子目录(British Library Digital Catalogue of Illuminated Manuscripts,DigCIM)
- 科陶德艺术学院(Courtauld Institute of Art[9])
- 伦敦图书馆全欧语种人文类图书馆藏(London Library collection of books in All European languages in the humanities)

工程学和数学：

- 电子工程师组织（Institution of Electrical Engineers[10]）
- 英国皇家工程师协会英国建筑学图书馆（Royal Institute of British Architects British Architectural Library[11]）
- 伦敦数学协会（London Mathematical Society[12]）

医疗与生命科学：

- 维康医药历史与研究图书馆（The Wellcome Library for the History and Understanding of Medicine）
- 自然历史博物院图书馆（Natural History Museum Library[13]）
- 皇家园林协会（Royal Horticultural Society[14]）
- 南安普敦国家海洋学图书馆（National Oceanographic Library，Southampton[15]）
- 生态学与水文地理学中心（Center for Ecology and Hydrology[16]）

自然科学：

- 皇家化学学会（The Royal Society of Chemistry[17]）
- 皇家协会（The Royal Society[18]）

社会科学，商业和法律：

- 女性图书馆（The Women's Library[19]）
- 伦敦商学院（London Business School[20]）

研究型图书馆组织(Research Libraries Group，RLG)

研究型图书馆组织包含了约 160 家机构，包括大学、国家图书馆、档案馆、博物馆、独立研究组织、历史协会以及其他一些单位。所有这些单位都保存并整理了大量的研究资料。成员来自世界各地。这个组织为用户提供综合书目，但是在其成员机构的网站上可以免费检索。

伦敦图书馆资讯系统(What's in London's Library，WiLL)

伦敦图书馆开发署正在着力开发一种可以从伦敦任何一个公共图书馆的网络终端上跨馆检索所有公共图书馆书目以及伦敦 33 个区的社区信息的数据库系统。这项计划由大众网络推广基金(People's Network Excellence Fund)资助。这个被称为 WiLL[21] 的系统包含了一些博物馆和资料馆的数据库。

公共图书馆

公共图书馆资料往往不能满足那些大型研究计划的要求。然而,在如地方史之类的研究领域内,它也可以发挥很大的作用。许多地区图书馆或县立图书馆可以通过公用在线查询目录访问。

开放存取的资料

开放存取期刊的出版社和提供者越来越多,对研究者来说也日益重要(见第 10 章)。OAIster[22] 提供的检索界面能跨越开放存取资料库进行检索(不过检索结果不仅限于开放存取资料)。未来有望出现更多此类服务,英国机构典藏检索服务也正在开发。

资料的其他种类和来源

包含如音像材料在内的其他形式资料的数据库，也可以像参考文献数据库一样进行检索。例如，英国高校电影影像委员会（British Universities Film and Video Council，BUFVC[23]）提供了接入 Hermes 音像节目数据库和英国高校新闻影片数据库（British Universities Newsreel Database，BUND）的服务，教学影像图库（Education Image Gallery，EIG[24]）保存了大约 50,000 幅教学用图片。COPAC 联合目录中也有地图搜索选项，可以限定检索诸如地图、海图和地形图等的项目。

灰色文献（见附录二）难以追踪。检索美国灰色文献的一个出处是灰色文献网络（GrayLit Network），它是"通过由联邦政府资助的研究与发展计划生成的技术报告资料的门户网站"（科技信息办公室，2007）。其内容包括科技报告。大英图书馆馆藏包括英国的报告、会议和论文。随着越来越多数字化资源库的创建与充实，灰色文献可能会变得更易于获取，但全面覆盖尚需时日。

由大英图书馆和 JISC 共同建立的 *Zetoc*[25] 数据库，包含了上千种会议记录和各学科期刊目录的详细资料。它可以在英国高等教育机构中免费使用。

纽约公共图书馆书目（New York Public Library catalogue[26]）在检索美国出版文章的参考文献记录时可以发挥很大的作用（作为对国会图书馆书目的补充）。它也收录了音像材料、地图和人工制品的资料，并可访问纽约表演艺术公共图书馆舞蹈馆藏目录和尚博格黑人文化研究中心（Schomburg Center for Research In Black Culture）的目录。

通过查询英国官方出版物联合读者信息资源（British Official Publications Collaborative Reader Information Service，BOPCRIS[27]）书目，用户可以找到从 1688 年到 1995 年所出版的英国官方出版物信息，包括许多记录的摘要。英国国家档案馆[28]提供了访问有关英国档案及其他馆藏的政府记录与资料主要目录的服务。英国文书局的英国官方出版物是"1980年以来英国政府出版物官方目录,包含了逾2 000个公共机构的45万条记录"(TSO,2007)。

亚马逊书店之类的网上书店为用户提供了日益完善的服务。例如,亚马逊书店现在有个功能,出版社允许用户检索其图书全文或免费"试读"部分章节。如果有这个功能的话,就能帮助研究者弄清楚某本图书是否与其研究相关。

检索参考资料和引用文献

详细检索包含在作品中的参考资料,以及进行引用文献的检索(参见第7章)是查找资料的好方法。

选择与课题相关的资料来源

当用户使用数据库检索资料的时候,往往会造成视野狭隘的情况。他们仅仅了解并使用某一个涉及指定课题的数据库,而忽略了其他的选择。适合大多数主要课题领域的大型的、可信度高的、知名度广的数据库的确存在,但这并不意味着它就是唯一的资料来源,也不代表没有其他包含这个领域内容的数据库。例如,用户可以访问英国图书馆内刊数据库搜索各个学科的研究期刊和独立发表的会议文章。

用户应当了解适合他们要求的数据库范围,包括总标题。例如,出版商爱思唯尔的《科学导引》的标题,不意味着它就不适用于除了纯科学外的其他领域。实际上,这个标题包括了以下领域内的期刊标题:

- 艺术与人文
- 商学、管理学和会计学
- 经济学、计量经济学和财政金融学

总之,检查数据库的内容和覆盖范围(参看上文)对于进行复杂检索或查找未列入指定数据库中的项目来说,是十分必要的。

要点

- 查找资料是发现相关资料详情的过程
- 研究者要发现所需条目的详情、参考书目或其他内容
- 网上参考书目数据库是发现资料参考书目详情的一个途径
- 研究者应该查验每个数据库的服务与求助功能
- 为将来查阅起见,应保存已发现及检索到的记录和检索历史
- 可以用目录、参考书目、参考文献列表查找资料
- 研究者应使用各种数据库进行综合检索,并提防视野狭隘

清单

1 哪些数据库、摘要和索引与你的研究最相关?还有其他更全面的有用数据库吗?
2 你单位的图书馆有联合检索选项(你在那里一次性就可以检索许多数据库)吗?
3 选择同你的研究相关的某个重要数据库,找出它编制索引的字段。它是否有汇编词典?如果求助功能里有有用资料,你如何整理检索到的记录(标注、发送电子邮件、使用参考书目软件)?有哪些特殊事项你该知晓?
4 你知道如何找到开放存取期刊以及其他开放存取资料吗?
5 你应该核验国家图书馆哪些目录、馆藏以及专业研究馆藏?
6 你会使用有关其他类型材料的哪些资料来源(如档案、政府文件、灰色文献、图像或地图)?

6　在线检索的过程

对检索进行规划的重要性

有些使用者在使用数据库或者检索引擎进行检索的时候,会坐在电脑前,打开喜欢的数据库或者检索引擎,键入某个单词然后等待检索结果,而不事先考虑应当采取什么方法。这种不对检索进行规划的做法往往会——也可能不会——导致使用者陷入数量庞大的资料中而无所适从。可能会有无数种检索结果出现,也可能只有寥寥数条无用的信息。面对这种无法令人满意的情况,使用者可能会调整检索条件,然而却得到了和开始相似的失败结果。这种局面会重复出现,直到他搜集到一份适合于任务的记录列表为止,否则就会因为反复的失败而告放弃。

运用这种方式进行检索得到的任何一种适用的资料,与其说是规划的结果,倒不如说是运气使然。不过,最重要的是使用者可能会因此而遗漏一些关键信息。类似的情况是,得到了大量的资料,但其中的大多数是主题的边缘信息,而忽略掉领域中一些知名专家的成果。

正在使用的任何一种检索方式都可以有效地查找到信息。在最开始的制订检索计划的阶段,研究人员对他人的成果保持及时的关注是非常必要的,这样才不会浪费时间,而工作也才不会闭门造车。专业的检索技巧可以辅助这项工作。当手头的研究工作将要出版论文论著或者等待同行评论的时候,它所涉及的作者用来对研究对象建立完整认知体系的资料更不该被忽略。

遗憾的是,那些如上文所描述的低效检索在研究工作中时常被采用。英国金马伦麦坚拿律师事务所(CMS Cameron McKenna)的凯特·霍奇森(Kate Hodgson)为法律实习生们写下了这样一些关于检索技巧的文字:

"大多数实习生在使用网络和商业数据库时的检索策略和检索技巧着实令人不敢恭维。超过80%的检索甚至只得到了一个结果。需检索的内容并没有考虑清楚,关键术语没有明确,关键术语之间的关系也没有经过深思熟虑,逻辑结构看起来更像是Vulcan字谜。"(Hodgson 2002:14)

然而,并不是只有那些法律实习生们才会使用这些拙劣的检索技巧。JUSTEIS(JISC使用评估:电子信息服务的发展趋势)项目调查了电子信息服务终端使用者的使用情况。其中一个结论是:"研究生可能关注并坚持于(利于检索引擎)进行不采取复合检索策略的检索。"(Armstrong et al. 2000:section 6.3.3)关于使用者行为的段落更是指出:"鉴于检索引擎的大范围利用和多数检索的偶然性本质,应该更多地思考如何让学生们更有效率地使用互联网。"这些结论也同样适用于使用结构化数据库时的检索。

当运用某些特别专业的术语,或者作为日后将被整合起来的更为复杂的检索过程的一部分时,字词检索可能非常有用。不过使用者不应该仅仅依靠这个技术。在检索条件十分宽泛的情况下(比如"社会学"或者"理解"),结果的数量可能会非常庞大而难以驾驭。

在解释了缺乏计划而造成的低劣检索技巧所导致的弊病后,制定检索策略的优点就显现出来了。

制定检索策略可以:

- 检索所需要的资料
- 防止遗漏关键信息
- 将检索得到的有关条目控制在可处理的数量内
- 更有效率地利用时间

使用成功的检索技术会耗费一定的时间。然而,花费时间的结果是获得更多的有用资料,而不是把宝贵的时间浪费在收集无用的信息上。

在线检索的过程

检索是一个反复而具有启发性的过程。与其说它是一个线性的过程,不如说是一个循环的过程。只有当用户已经确定他们找到了所需要的记录,而没有相关资料被遗漏时,才可以认为这个过程结束了。由于在研究过程中会不断遇到附加条件和新的信息,因此在某种意义上,检索永远不会结束。

检索过程由下列一些步骤组成:

- 计划。确定条件,并且规划检索策略
- 执行检索
- 获取相关结果

- 评估结果
- 保存结果
- 修改并重新开始检索

始终保持进程记录(参见图6.1)。

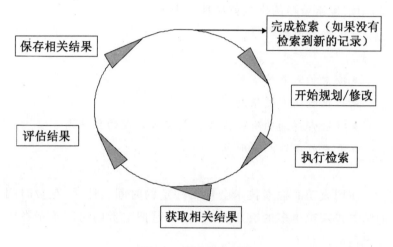

图6.1 网上检索过程

接下来的内容主要讲解网上检索的过程,不过在检索印刷版资料的时候也有很多相关的技巧。

如何制定检索策略

虽然在开始使用大型并且强力的数据库时,直接进行检索的想法非常有诱惑力,但是下面有关检索的方法更值得推荐。

制定检索策略的实际方法取决于个人的偏好。有些人选择纸和笔,而有些会使用文字处理软件,还有些人会在某些专门软件的辅助下,绘制蛛网式流程图或者类似图示。参见托尼·布赞(Tony Buzan)关于这方面内容的书籍,如《思维导图:启动创意、改造生活》(Buzan,2006)。

在开始检索之前,研究者应当制定下面的五个步骤。
1. 确定检索词
2. 对检索进行限定
3. 截断符、通配符和词组
4. 组合词1(逻辑运算符)
5. 组合词2(使用其他连接符)

参见图6.2展示的这些步骤。

第一步:确定检索词

在开始检索之前,研究的范围和领域就已经应该确定了(参见第1章和第4章)。根据这个条件,下一步就该关注在查询信息时应当使用什么关键字。可以说,选择检索词是开展研究的基础。

当开始工作的初始阶段,研究者应当记录下某些重要字词,以便在将来的检索中使用。这些字词结合概念的正式名称与检索词,就为执行检索工作提供了一系列的关键字。

准备好字典、辞典,如果可能的话还有百科全书,以及如专业词典(比方经济学词典)之类的关于专业领域内容的出版物,这对于工作是很有益处的。研究生导师和其他的专门人员会对检索词的选择提供帮助。

例如,假设研究课题是:英国的新闻媒体更追求轰动效应,而不是客观报道。

主要标题可以被分解为子标题以及能联想到潜在检索词的相关领域。为了实现这一点,研究人员应当:①制订一份使用主标题和子标题列表;②编辑一张表格;或者③画出蛛网图或者类似图示(视研究者的偏好而定)。

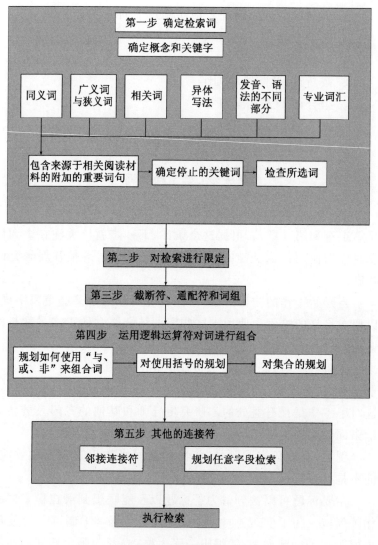

图 6.2 检索的五个步骤

图 6.3、图 6.4、图 6.5 分别展示了主标题与子标题形式的论题、表格形式的论题和蛛网图形式的论题（可以手绘）。它们绝不是完美的，但是为解决问题提供了一个提纲。

英国的新闻媒体更追求轰动效应,而不是客观报道。
1. 新闻媒体
    1.1 选定出版物的各自特点
        报道的风格
        语言的使用
        图像和其他音像设备的使用
        读者群/观众群/听众群的特性
        不同领域的覆盖范围(例如:政治、公众报道、环境)
    1.2 英国新闻媒体的种类
        报纸(大报和小报)
        电视(公共电视台、商业电视台;本地电视、有线电视、卫星电视)
        广播(公共电台、商业电台)
        互联网新闻
    1.3 涉及的人群
        记者
        编辑
        报纸出版商
        读者
        新闻主角及其他
2. 轰动效应
    2.1 对轰动效应的定义
        字典中的定义
        在研究中的定义
    2.2 对英国媒体中追求轰动效应的态度
        公众的态度
    2.3 英国的法律
        保密法规
        侮辱与诽谤
3. 客观报道
    3.1 对客观报道的定义
        字典中的定义
        在研究中使用的定义
    3.2 商业利益
        既定利益
        听众/读者/观众群体
    3.3 客观公正

图 6.3 主标题和子标题形式的论题

	主标题：英国的新闻媒体更追求耸动效应，而不是客观报道								
	概念1 新闻媒体			概念2 耸动效应			概念3 客观报道		
	标题范围 1 新闻媒体种类	标题范围 2 新闻媒体种类	标题范围 3 涉及的人群	标题范围 1 耸动效应定义	标题范围 2 英国人对媒体追求耸动效应的态度	标题范围 3 英国的法律	标题范围 1 对公正报道的定义	标题范围 2 商业利益	标题范围 3 客观性
标题范围 1 选定出版物的各自特点		报纸（大报和小报）	记者	字典中的定义	一般受众对媒体追求耸动效应的态度	保密法规，侮辱与诽谤	字典中的定义	既定利益	
报道的风格		电视（公共与商业电视台，有线电视，卫星电视）	编辑	研究中的定义			在研究中使用的定义	听众/读者/观众群体	
语言的使用		广播（公共和商业电台）互联网新闻	报纸出版商						
图像和其他音像设备的使用			读者						
读者群/观众群/听众群的特性									
不同领域的覆盖范围（例如：政治，公众报道，环境）			新闻主角及其他						

图 6.4 表格形式的论题

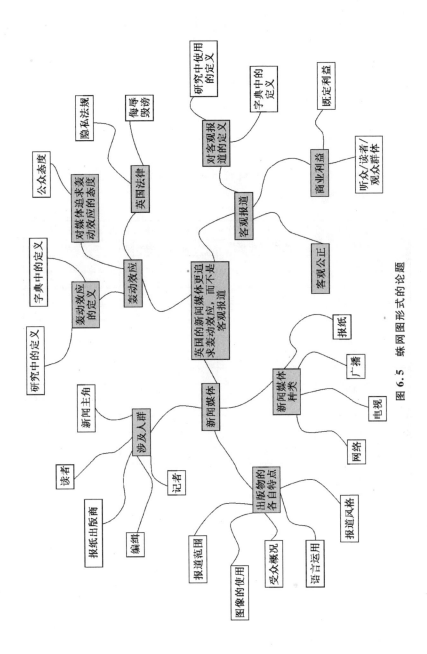

图 6.5 蛛网图形式的论题

概念

以标题(或陈述、问题)作为出发点,选取主要概念(话题或者思想),然后将它们列表,或者将其作为蛛网图的起点。

通常,建议研究者将概念的数量控制在四个以内。太多的话会让检索工作变得过于复杂。概念太多意味着研究范围没有被简要地限定或者过于宽泛。

示范课题:

- 对于英国的组织机构特性而言,在什么范围内,"玻璃天花板"被打破了?

对于英国的组织机构而言,在什么范围内,"玻璃天花板"被打破了?			
条件	"玻璃天花板"	组织机构	英国
同义词			
广义词			
狭义词			
相关词			
异体拼写			
不同的词性			

图 6.6　以表格形式列出概念示例

图 6.6 给出了使用表格列出概念的例子。上面所举的主题都可以列入其中。

同义字

一个研究者的课题或者假设，可以用某个特殊的单词来表示。而关于这个主题的其他文章可能使用的是其他某个类似的单词。在检索中不考虑同义字的后果是检索结果会把恰巧没有使用所选定词作为题目的材料排除在外。

"organization"这个词就有许多同义词，如：

- company
- corporation
- federation
- firm
- institution

在确定同义词的时候，利用辞典会使工作更行之有效。结构化的数据库往往包含了辞典功能以供用户选用。

在检索策略中要考虑缩写和完整词汇这两方面。举例来说：

- UK   United Kingdom
- EOC   Equal Opportunities Commission
- kHz   kilohertz

对于数字来说也同样，在处理类似下面这些日期数据时，应当同时将数字和数词包含进去：

- 1930s   nineteen thirties
- 14th century   fourteenth century

连字符可能会带来某些误解,所以最好是把带连字符和不带连字符这两种形式都包括进来。例如:

Neoclassical neo-classical

应当多多使用数据库的帮助功能来进行指导。
还有一个需要注意的问题是名称的改变。例如:

- Department for Education
- Department of Education and Science (DES)
- Department for Education and Skills (DfES)

将每个检索词都进行仔细的检查,标示出有关的同义词,并把它们也记录在表格或者流程图中。表 6.1 就展示出如果没有使用同义词,会有多少条记录会被忽略。

表 6.1 使用同义词检索"组织机构"(organizations)

检索词/同义词	查询到记录数量
Organizations	6 501
Firms	5 603
Companies	2 761
Institutions	7 648
Corporations	1 800

来源:在 IBSS(高级检索:标题字段)上检索,2007 年 1 月 21 日。

当检索数据库所提供的辞典时,使用者会遇到"意指(use for)……"指令。它发生在索引编辑选择了一个特殊的条目以取代一个或多个其他的可能。例如,用户可能会遇到:

- Workers: Use for employee/employees

在这个例子中,查询不会包括"employees"一词,而用"workers"一词代替。

广义词和狭义词

对每个概念来说，广义词和狭义词应该在检索中作为一种可能性而被纳入考虑。比如，一个研究人员可能会考虑"人"这个术语的广义词与狭义词。递增的广义词可能有：

- 人类
- 哺乳动物
- 脊椎动物

而递减的狭义词可能是：

- 人类血液循环系统
- 人类血液
- 人类红血球

通过望远镜来放大视野和通过显微镜来考虑细节对我们思考看待词语都是有帮助的。这样做的结果就是将词语层次化。我们也可以分别把关键字作为层次化的一部分，上部是广义词，下部是更专业的狭义词（参看图6.7）。

研究人员应当运用他们自己的鉴别力来确定哪些词语与检索相关并因此纳入检索。数据库有时用"排除"功能来列出狭义词。对于追求高度相关检索词、滤掉不相关词语来说，这是个很有用的方法。

使用广义词和狭义词，取决于每项工作的具体情况。比如，一个研究人员可能决定在检索策略中使用狭义词，而不用广义词。然而，他们应该注意那些被排除的结果（参见下文中关于逻辑"或"检索的说明）。包含或者排除广义词和/或狭义词的原因有：

- 查询到的结果记录数量过多/过少
- 概念过于专业化，导致只有极狭义的词可以使用
- 广义词过于宽泛以至于脱离了课题

- 研究者愿意对大体情况作一大致了解,以在工作中定位特定的课题
- 需要专业领域内的实例
- 需要一个同一的测试条件,因此广义词或者狭义词都不适用

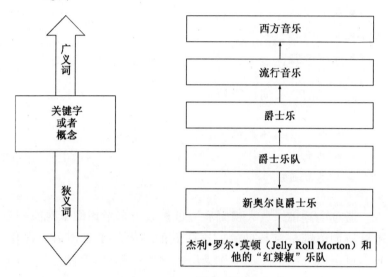

图 6.7 广义词与狭义词

相关词

相关词是指和课题所限定的检索词相关的词,但是可能不包括在同义词、广义词或狭义词内。例如,"玻璃天花板"的相关条件可能有:

- 晋升
- 人事管理
- 歧视
- 女性

研究人员应该运用他们的学科知识和实验来确定检索所使用的相关词。有些数据库提供了检索已经找到的相关记录的索

引记录(参见第 5 章),读者也可以参阅下文"评估结果"的章节。如果一个数据库中有辞典,那么也可能包含一些相关词。

异体写法

许多词语都有异体写法,英美拼法尤其如此,因此这值得引起注意。如果仅仅用词语的一种写法来进行检索,数据库不会同时自动检索字词的其他形式,因此会造成结果的不完整。如果研究者没有注意到这一点,那么他们就可能遗漏大量的记录。表 6.2 就表明了这一点。

常见的异体写法,请参考表 6.3。

表 6.2 使用异体拼法进行检索的例子

	检索词	检索到的记录数量
检索 1	Behaviour	27 732
检索 2	Behavior	453 631
两次检索的差距		425 899

来源:APA PsychINFO 数据库,2007 年 1 月 21 日(没有选择限定条件)

表 6.3 常见的异体拼写

	常见的异体拼写	举例
英式英语和美式英语	our/or	humour/humor
	s/z	organisation/organization
	双拼字母	woollen/woolen
	re/er	centre/center
	拼写差异	speciality/specialty
古文字		matins/mattins
拉丁/希腊字根的文字	连字	encyclopædia/fœtus
		encyclopaedia/foetus
		encyclopedia/fetus
新简体拼法		sulphur/sulfur
外国文字	Ö/oe	Schoröder/Schroeder
		poppadom/poppadam
俗语/俚语		pukka/pukkah/pucka

不同的数据库间识别、整合异体拼写的能力各异。因此,在

检索之前假定数据库不能整合异体写法会使工作更有把握。用户可以使用每个数据库的"帮助"功能来了解该数据库的识别能力,或者简略的浏览结果以获知是否这些异体写法也被包括进去了。

总之,使用者应该在规划检索的时候注意这一点,检查广义词、狭义词、相关词、同义词和异体拼写。

不同的词性/语法

有些时候,不仅名词的复数形式应当被包含进去,而且也要考虑不同词性的变体。

在进行检索的时候,某些数据库会自动包含名词的复数形式,而有些则会识别某些常用的复数形式,如词尾的字母"s"或者"es",然而使用者应当自行检查更多的复杂复数形式是否也被自动包括了进去。例如:

- party/parties
- thesaurus/thesauri
- criterion/criteria

除了复数之外,使用者也应当考虑词汇的其他形式,包括名词、动词、形容词、过去式等。在上面的例子中,使用者会选择使用下面词汇的某种或者全部形式:

- organisation
- organisational
- organisationally

此外,不要忘了 s/z 的异体写法。在这个例子里,"organise"和"organised"就可能被忽略掉。

词组与不相连的单词

在进行检索的时候,词组被定义为以两个或者两个以上单词以一定次序连续组成的结构,如"国联"(League of Nations)、"水痘"(chicken box)。

当在检索词中使用词组时,使用者必须明确,他们是否应当将这些词当成一个词组进行检索,还是把它们作为不相连的单词或以不同字序排列的单词进行检索,这样就会产生完全不同的检索过程。

有的使用者可能选择不分解上述例子的词组。"玻璃天花板"(glass ceiling)有其特殊含义,因此不大可能以其他的形式使用(虽然也有可能,在某些记录中采用了同样的单词、不同的使用形式,但意义却相同,比如"玻璃的天花板 ceiling of glass")。再举个例子,词组"欧洲人权法庭"(European Court of Human Rights)有其专业意义,就应在检索中保持其完整性。又如,当研究人员处理词组"青少年犯罪"(juvenile crime)的时候,可能会将"青少年"(juvenile)和"犯罪"(crime)这两个词分开处理。

专业术语

在检索中,如果在标题、摘要或者索引条目中包含专业术语的话,可以大大缩小检索范围和减少检索到的结果。如果术语相对较新、且包含该术语的记录寥寥无几,使用者也许会遇到一些困难。不过,在检索到过多结果时,使用专业术语可以减少结果数量。通常,专业术语没有其他替代性的写法,例如"Stroop test"就是一种心理学中使用的特殊测验,它没有其他可代替的词。

检查选择的词语

在经过了上面的这些步骤后,使用者就应该检查已经选择的检索词了。研究人员应该检查表格或者流程图来确认有否遗漏。图6.8绝不是没有遗漏的,但也是完成了的表格的一个很好的例子。

概念	"玻璃天花板"	组织机构	英国
	就英国的组织机构而言,在什么范围内,"玻璃天花板"被打破了?		
同义词		Firms	
		Companies	
		Institutions	
		Corporations	
		Enterprises	
广义词			西欧
			欧洲
狭义词		SMEs	大不列颠群岛
		中小企业	英国
		plc	北爱尔兰
		股票上市公司	苏格兰
			威尔士
			英格兰
相关词	晋升	商业	
		人事	工作场所
		歧视	办公室
		同等机会	组织结构
异体拼法	妇女 女性 EOC	Organizations	
不同的词性	Promoted	Organization	British
	Discriminatory	Institutional	Scottish
	Discriminate	Corporate	
	Woman	Corporation	
	Females		
	Sex discrimination		
	Gender discrimination		

图 6.8 完整的检索词表

干扰词和非法词

数据库经常被设计成不能执行包含某些常用词的检索,如"by"、"but"、"if"等。另有些词往往可能被数据库当作某种命令——例如"within"或"near"(详见下文)——也不被接受。这些无效词被称为非法词或干扰词。如果含有某个无效词或者检索到过多记录时,数据库会显示提示信息。如需检索包含非法词的条件,可以给检索条件加上引号。如果它们组成了词组中的一部分的话,就通常可以被系统接受。例如:

- "near miss"
- "trail by jury"

第二步:对检索进行限定

除了界定检索需要的条件外,确定什么是不需要的并对检索进行限定同等重要,检索的范围也将因此确定(参见第 4 章)。

数据库提供了各种各样的限定条件,使用者应当仔细研究这些限定条件,了解哪些是可以利用的。利用限定条件这项功能,使用者可以让检索更加专业化,得到更符合主题的结果。

常用的限定选项包括:

- 语言:使用某种语言所得到的检索结果可能不能使用,因为对于使用者来说有可能不能理解这些语言(除非可以使用翻译功能),而许多数据库又恰恰是使用外语对资料进行索引的。注意文献所用的语种,数据库的索引可能是英语,而其内容则可能是某种外语。
- 发行日期:有些研究人员希望获得特定时间段内的记录,例如,只查询最新的资料。
- 文献类型:除了期刊文献资料之外,许多数据库还收录了书评、论文摘要、录音带、报告和书籍等形式的资料。

数据库所提供的限定选项可能会有很多种:有些可能只有很少的选项,而有些可能有很多。例如,美国工程索引数据库的简单检索中提供了这些限定选项:

- 文献类型
- 处理类型(指文献的观点)

- 语种
- 发行日期

而心理学资讯数据库的限定选项更加全面：

- 语种
- 出版物种类
- 出版年份
- 研究方法
- 年龄段
- 受众类型
- 文献类型
- 群体

第三步：截断符、通配符和词组

截断符

截断符有时专门用来指定词干和确认词根。词性不同时，用作检索的字词，往往词（或词干）的开头相同。例如，

- Organization
- Organizations
- Organizational

在这些字当中都有"organizatio…"作为字的开始。

运用某个特殊的符号，可以替换字的剩余部分。这样一来，在使用一个检索字串的时候可以查询许多关键词。这样节省了时间，不过也使检索变得难以处理和复杂。

截断符的例子有：

- Organizatio *

6 在线检索的过程

- Organizatio?
- Organizatio$

此外还有很多其他形式的截断符。

可以用作截断符的符号有很多,所以使用者应当注意不同数据库中使用的不同截断符。使用不正确的截断符可能会导致错误的发生,甚至查询不到结果。

在使用截断符进行检索的时候,要仔细检查以避免出现不需要的结果。例如,使用:

- philan

所查询到的,不仅有 philanthrope, philanthropic, philanthropine, philanthropism, philanthropist, 甚至还有 philanderer!

因此,应当使用词典来帮助选择和检查使用截断符的可能结果。

此外,当在一些简短的单词上使用截断符进行检索时,会出现问题,比如,检索"pit"这个词的单数和复数:

- pit?

    在这种情况下,使用截断符会检索到许多不需要的结果,例如:pitch;pithy;pitchfork;pituitary。如果使用者只想查询这个字的复数形式,最好利用逻辑"或"进行检索(见下文),或者使用一个单字通配符(可以使用单字符代替空字符)。
- pit 或 pits
- pit*

注意,使用通配符也可以查询到"pith"。

通配符

通配符（或者通用符），指可以用来代替单字符、空字符或者多字符的符号。它可以使用在某个词语的中间或者末尾，但通常通配符不能在词语的前面使用。和使用截断符类似，察看每个数据库中的"帮助"功能可以获知可以使用哪些通配符，以及使用方法。在下面的例子中，符号"?"就被用作通配符。

单字通配符一次可以替代一个字符。例如，在检索单词"woman"和"women"的时候：

- wom?n

使用多个通配符，每个都代表一个字符。如：

- bacterioly???

其查询结果为 bacteriolysis 和 bacteriolytic。

根据所使用的数据库的具体情况，通配符有时可以表示空字符。这在检索异体写法的时候非常有用。例如：

- behavio?r

其检索结果就会包含英国英语和美国英语两种拼写方法。它可以在单词的结尾使用，例如为了检索单词的单数形式和复数形式：

- trustee?

有些数据库中可以使用多字符通配符。它可以代替一串字符，同样可以用来检索异体写法：

- encyclop?dia

就可以检索这个字的所有写法。

词组

词组可以让检索结果更加符合主题,因为它对检索做出了更多的限定。当在检索词组的时候,有些数据库需要采用双引号。例如:

- "glass ceiling"

用户应当注意他所使用的数据库的默认设置。有的时候,检索中包含两个或两个以上的检索字会自动被处理为检索词组,例如,知识网络(*Web of Knowledge*);而有些将这种情况处理为"与"检索或者"或"检索,从而导致截然不同的结果(见下文)。

第四步:组合词 1(逻辑运算符)

合理地使用组合结束词,是令使用者精确地查询他想在数据库中获得的结果的重要方法。如果准确地使用组合检索,它可以令结果只包含和课题相关的记录,而过滤掉不需要的项目。

逻辑运算(布尔运算)是以发明用符号来表达逻辑关系的英国数学家布尔(Boole,卒于 1864 年)的名字来命名的。在检索词之间,可以使用下面的三种逻辑连接符(或者运算符):

- 与(AND)
- 或(OR)
- 非(NOT)

和截断符、通配符类似,用户应该检查每个数据库中可用的连接符,因为每个数据库里的连接符各不相同[例如,有些数据库中用"与、非(AND,NOT)"或者"但是、非(BUT,NOT)"来代替"非(NOT)"]。利用维恩图(Venn diagrams)可以清晰地描述连接符的作用,图中的每个圈代表了包含指定词语的记录。

逻辑"与"(AND)

使用逻辑"与"(AND)连接两个(或以上)词语,那么结果中会包含全部这些词。

这意味着用少于所有这些词语检索到的记录将被过滤掉。

使用逻辑"与"会减少检索到的结果的数量。图 6.9 显示了检索查询:大学(university)与基金(funding)。注意两个圈相交的部分,就是所检索到的内容,而其他的部分就会被过滤掉。

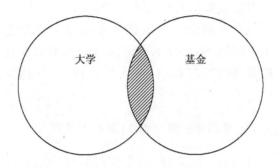

图 6.9　检索查询：大学与基金

用"与"添加的词语越多所检索到的结果范围也就越窄。图 6.10 显示了在上述查询中再加上一个词语(英国)的效果:三个圆圈的交集代表了所检索到的结果,明显小于图 6.9 中的交集。

有些数据库允许使用符号"&"或者"+"来代替键入"与"。

逻辑"或"(OR)

在有两个或两个以上可以选择的检索词,并且使用者要求记录中包含所有词的时候,就应当使用逻辑"或"连接符。因而,逻辑"或"连接符将检索范围扩大了。图 6.11 就表示了一个基本的逻辑"或"的检索。

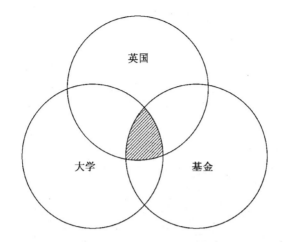

图 6.10　检索查询：大学、基金与英国

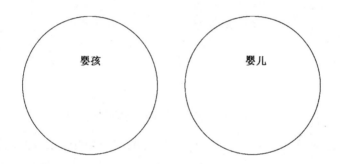

图 6.11　检索查询：婴孩或婴儿

逻辑"非"（NOT）

逻辑"非"用于在检索中排除某个特定词语，这样可以对检索进行限定，也可以澄清含义。例如，检索只关于欧洲大陆，而不包括英国的文章：

● 欧洲非英国

澄清含义的例子有：

● 苹果计算机非电脑

以及其他的同型异义词：

● 梣木非树木

图 6.12 显示了检索"欧洲非英国"的效果。在这个例子中，会检索到包括"欧洲"的记录，而只要出现"英国"一词的记录就会被过滤掉。这在过滤不需要的记录时很有用处，但是，两个词同时出现的重叠区域不会被检索到。

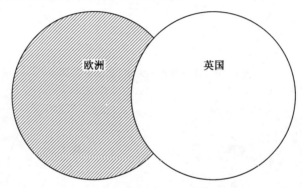

图 6.12　检索查询：欧洲非英国

处理同形异义字的时候，研究人员应当使用他们的技能和判断力来确定哪些是应当被排除的。评估结果会帮助他们做出决定（见下文）。

有些数据库允许使用符号"%"来代替键入"非"。

隐含逻辑运算符

研究者可能遇到的另一个检索选择是，更加人性化的隐含布尔逻辑运算。

检索情况分为以下几种：

● 包括所有检索词：等同于逻辑"与"运算
● 包括部分检索词或至少包括一个检索词：等同于逻辑"或"运算

- 不包括这些检索词：等同于逻辑"非"运算
- 包括确切词组的"词组检索"

另外，在结果内又进行的检索等同于逻辑"与"运算。

括号

在进行组合词检索时，很容易不经意地陷入检索混乱。为了在检索资料时避免发生这种情况，许多数据库允许采用括号。

在"帮助"功能中，很可能已经制定了优先检索命令规则。通常情况下，括号内的运算会率先进行。在检索前最好在数据库中先行查阅这样的规则。

通过下面的简单数学计算，我们就能看出括号在运算中的必要性：

① 6(4＋5)

② 6×4＋5

③ 6×4＋6×5

① 题的答案是 54。正确的算法是，先进行括号内的加法运算，或者用 6 分别乘以括号内的 4 和 5。② 题的答案可以是 29（即 24＋5），也可以是 54（即 6×9），取决于做题时的运算顺序。同理，③ 题的答案可以是 150 或 54 或 300。添加括号后，②题和③题将会变得更加明确：

② 同于①

③ 同于①或者(6×4)＋(6×5)

同样的规则适用于运用括号作为信息检索条件。例如：

- 妇女或女性与"机会均等"或歧视

如果数据库先处理"与"连接符，后处理"或"连接符，检索到的结果可能远非研究者希望得到的。因为，"女性"与"机会均等"将先得到处理。

利用括号，就可以立即解决这一混乱情况：

- (妇女或女性)与("机会均等"或歧视)

括号内的检索词将得到优先处理,然后再是剩下的"与"指令。图 6.13 展示了这一不同的结果。

大声读出检索词有助于确定它们是否会引起歧义。

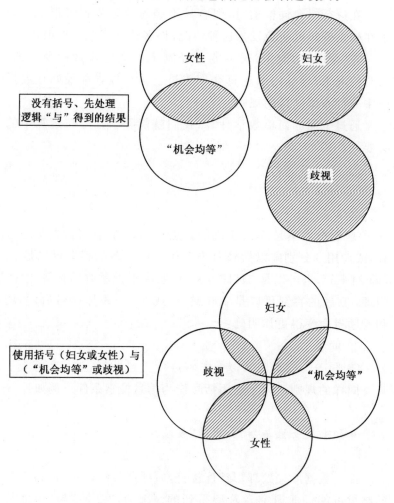

图 6.13 检索查询:利用括号进行检索

在实践中怎样组合检索词

把相关词制成表格或者网状图,全面思考,看怎样把检索词组合在一起才能最大限度地涵盖所有可能。这样一来,也许创建的就是一长串检索查询。而运用截断符和通配符就能减少查询数量。

如有可能,最好让检索查询保持相对简单。原因有以下两点:

- 繁琐冗长的检索查询可能会招致错误
- 用简短、大量的检索查询可以降低出错的可能性,给予研究者更大的灵活空间,使他们能够随意地组合先前得到的检索结果

以上文中"玻璃天花板"的例子来说,研究者可能像下面这样构建检索策略:

- "glass ceiling" AND (organi*atio? OR company? OR institutio?) AND (UK OR "united kingdom")
- (EOC OR "equal opportunities commission") AND (wom*n OR femal?) AND workplace
- (EOC OR "equal opportunities commission") AND (wom*n OR femal?) AND promot?

其中,"?"用作截断符,"*"作为单个字符通配符。

为包含所有希望找到的条目,研究者需要建立数量很大的、复杂的检索条件。而更可取的做法是,用简单的、数量更大的条件进行检索,随后再将它们组合到一起,以增加灵活性。例如:

1. organi*atio? OR company? OR institio?
2. UK OR "united kingdom" OR british OR britain OR "great britain"
3. promot?

4. equal oppotunit? OR "equal opportunities commission" OR EOC
5. discriminat?
6. wom*n OR femal?

这样就形成了查询组 1 到 6,以及更多可能的组合。

研究者可以按照需要,将上面的条件进行随意组合,见表 6.4。

表 6.4 组合查询

查询组合	查询结果序号
1) AND2)	7
3) AND4)	8
5) AND6)	9
3) AND6)	10
结果 7 AND 结果 8 AND 结果 9	11
1) AND5)	12

研究者可以将检索结果进行任意组合,直到他们认为所有合适的组合都被包含进来了为止。

有些像这样相对简单的检索也可能出现数量庞大的、看上去无法处理的结果。但是,当利用连接符"与"把这些结果组合起来的时候,结果就会减少,因为这种运算符的使用会减少检索结果。

所选数据库的功能规定了究竟应该选择怎样的组合查询方式。

第五步:组合词 2(使用其他连接符)

根据所选择的数据库,还可以使用其他一些连接符。运用这些连接符能够更好地适应检索。它们被称为邻近操作符或连接符。词组检索详情也将包含在对邻近连接符的讲解中。选择不同,通常会出现下面的一种或多种结果:

- 关键词出现在同一句话或者同一段落中
- 关键词出现在特定数目的单词内

- 关键词按某一特定顺序出现(不一定彼此相连)

关键词出现在同一句话或者同一段落中

如果关键词出现在同一句话或同一段落中,那么很可能它们有某种相互关系。当检索整篇文档的时候,这一点尤为正确。如果选择的是"与"逻辑检索,很可能一个检索到的关键词出现在文章的开头,而另一个则出现在文章的结尾。在有些文件中,关键词的位置非常接近,那么很可能它们具有某种关联。为了确保找到的资料完全符合需求,必须明确区分这种有相互关联的文件,可以用"/s"的连接符来检索同一句话中(没有固定顺序)的关键词。例如:

- 俚语/s 法语

用"/p"连接符来检索同一段中的关键词:

- 俚语/p 方言

对每一个数据库都要查验进行这种检索的方法。

关键词出现在某一特定的邻近范围内

各个数据库对于这项指令的要求不尽相同。连接符查到的记录中,关键词出现在某一特定间隔单词量范围内,但不一定按照某种特定的顺序,如:

- bridge within 6 span

或者

- bridge/6 span

检索到的记录可能包括：

- The Sydney Harbor Bridge has a span of...
- The span of any bridge that is built...

另一种检索相似结果的方法是运用"在……附近"（NEAR）连接符。和其他连接符一样，应该查验数据库可用选项及使用它们的方式。研究者应该依靠自己的判断来选择关键词中间隔的单词数。

关键词按特定顺序出现

规定关键词出现的特定顺序（不一定相连）而进行检索的方法是可行的。这可以通过连接符"在……之前"（BEFORE）或"在……之后"（AFTER）来实现。例如：

- Gin BEFORE tonic
- flu AFTER arian

这种方法的一种变化是，可以明确规定在同一句子或段落中，一个词先于另一个出现。这需要借助合并的操作符，如＋s（表示在同一句中先出现）或＋P（表示在同一段中先出现）。

何时执行检索

当选好了合用的数据库时（参见第5章），就应当开始执行检索了。可以安排在检索进行到第四步时，用别的连接符来提炼检索结果。虽然看起来工作繁重，但通过计划就能节约时间、避免挫折，因为这让研究者有足够的信心能够找到最为合适的信息条目，而且研究者做了进程记录，能随时调整计划，顺利推进研究。

评 估 结 果

在检索的每一步,及时检验检索结果是否符合需求至关重要。这样做能让研究者确定他们找到的正是所需要的信息。评估结果的标准包括:

- 检索到的记录的数量
- 用于检索的关键词的位置和频率(在查到的记录中,检索用词通常都被突出标明了)
- 是否包括同形异义词,非有意找到的截断词,以及其他无用结果
- 检索策略中未囊括的其他相关词
- 检索到的资料形式
- 在以后的检索中可能有局限的任何因素(比如出版日期、语言等)
- 检查相关的条目和相关的索引条目,或者描述词
- 写作水平
- 正在进行的工作与研究主题的总体契合度

用搜集到的资料去修改和完善检索计划。
评估有两种形式:
1. 快速浏览,检查是否是所需信息
2. 深入评估,找出那些有必要保存、并在后续检索中查找全文的记录

当检索大量记录的时候可以用快速浏览的方法进行评估。随着检索聚焦到少数更切合主题的记录,评估也将走向深入。
记录的"可管理数量"是一个因人而异的概念。

保 存 结 果

查到相关记录后，就应该保存那些被认为对研究有用的资料。不仅需要保存记录，还应该保存检索计划和历史。这样，检索的过程才能循环往复，而且/或者已经进行过的检索才能易于核对。

参见第 5 章和第 13 章关于保存检索和记录，以及管理检索结果。

完 成 检 索

当已经找到了适合的记录，而又没有新的记录被找出来，研究者就可以下结论，说现阶段的检索已经完成了。然而，新的信息总是被源源不断地添加到数据库中，所以，在研究项目进程中实时更新以前的检索非常重要。随着研究的推进，研究者也许会遇到更多的检索关键词，这些词应该被收录到检索方案中。利用这些词就能设计出新的检索查询了。

要点

- 用结构化数据库着手检索前，设计规划检索策略
- 检索是个反复性、试探性的过程
- 不要图省事，时间不要花得太少
- 检索的目的是找到可控数目的相关结果
- 经验与认真评估找到的记录有助于改进检索技巧

清单

1　读过与课题相关的内容,你应该记下可用于检索的重要字词。
2　识别概念与关键词,并完成图 6.2 中的步骤。
3　围绕相关记录,运用逻辑运算符和其他连接符以及截断符、通配符等手段。
4　为检索设限,或使用"非"连接符以过滤无关记录。
5　你需要提炼、扩展或缩小检索吗?
6　检索结果如你所愿吗?
7　在每个阶段评估找到的结果,以修正、改进检索策略。
8　你保存所有相关记录,从而拥有获取全文所必需的所有资料了吗?
9　是不是到了再也查找不到新记录的地步?
10　有其他应该使用的数据库或资源吗?

7 检索引文

什么是引文检索？为什么它会这么重要？

在使用已发表的作品来进行研究的时候,所选定的书籍的谱系对于研究是否彻底具有重要的意义。引文检索类似于为文献建立一份家谱,通过它就可以获悉资料的渊源,或者最少它对其他文献有什么影响。这和数据库和其他种类的检索是相继产生的。

引文检索是建立在"谁在作品中引用了谁的文献"这个命题的基础上的。使用这种方法,可以追溯文章的来源,以及这个文献在哪里被引用:

- 回顾作品：回溯文章中的引文
- 前推作品：找出文章在哪里被引用过

图 7.1 显示了相关作品是如何被其中的参考资料连接起来的。它也显示了工作的复杂性。我们可以假设一下第十一号作品是如何被检索的：它可以在第二号作品的参考资料中找到。研究者通过阅读起点文献不会直接找到第十一号作品,但是,假

如他们读了起点文献引用的第二号作品,接着就能找到第十一号作品(点线)。

引文检索就是检索某位作者在进行写作的时候所使用的相关文献(和资料)的过程。

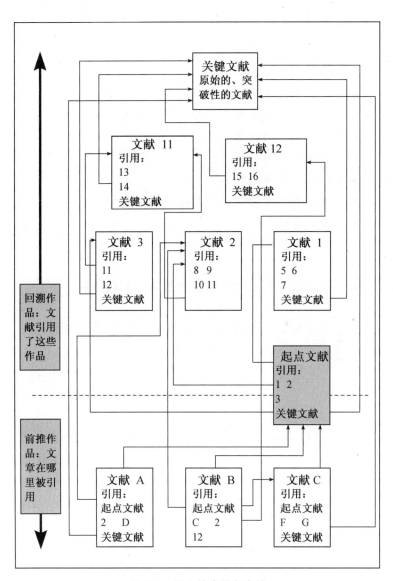

图 7.1　引文检索的复杂性

进行引文检索的理由

有很多种理由,使得研究人员着手引文检索,例如:

- 寻找某种方法或者研究所基于的原始作品
- 寻找对某部作品的反响
- 寻找密切相关的作品
- 查找从事相似领域的作者
- 跟踪该领域的其他进展
- 查找已发表作品的更正或者撤回信息
- 跟踪研究中的趋势
- 了解研究的新兴领域
- 查找文献引用的频率和作品
- 查找某个作者的作品对其他作品的影响
- 了解研究的影响
- 了解研究的创新意义,特别是对专利进行检索的时候
- 了解该课题的背景信息
- 在使用主题关键字检索查询作品遇到困难时

根据劳伦斯等人的观点,引文检索同样增进了沟通与交流(Lawrence, Giles and Bollacker 1999:67)。

引文索引

引文索引是对引用资料的记录,通常是以出版的列表或者电子数据库的形式出现。例如,《当代法律案例引文》列出了从1947年以来所有有记录的英国法庭案例以及与之相关的附属案例。在其他领域中,ISI 知识网络(WoK)数据库也提供了三种索引:

- 艺术与人文学科引文索引
- 自然科学引文索引
- 社会科学引文索引

爱思唯尔数据库、斯高帕斯和科学导引数据库也有精密的引文检索功能，牛津大学出版社的牛津期刊等其他资源也具有引文检索的某些特征。引文检索的特征包括：

- 作品中引用的参考资料列表以及可用链接
- 在数据库本身（带链接），有时也在互联网之类的其他资源或专利中，作品被引用的次数
- 引文提醒服务
- 使用参考资料字段检索的能力
- 显示引文数据分析的详细标准

为了进行引文检索，应当指定一个（或者多个）文献作为工作的起点。最好这个文献和主题高度相关，这样所有检索的其他文献因此也会符合需要。

引文索引的特点之一是在检索到的资料内，不可避免地会有一些与工作不相关或者外围的资料。因此很重要的一点就是应当使用限定检索来界定信息（参见第 4 章），这样就可以轻易地确定资料是否是真正需要的。

如果不使用引文索引，包括前推检索在内的复杂的引文检索可能会很难实现。

何时停止？

引文检索是一项很有效果的工作，特别是在探讨在特定领域内的发展时。然而，它获取资料的显著优势，往往会使得检索超出预先的设想。这也是一项耗费时间的工作，研究人员应该及时地中止这项进程——即使尚有遗漏的信息，但已经检索到的引文资料也应该已经够用了。引文检索达到极限的标志是：

- 获得的文献已经在检索中得到
- 检索到的文献与工作的相关程度越来越低

电子引文检索

对于研究人员来说,网上引文检索是一种强有力的工具。它使得在选定的文档里检索已经被引用的记录以及那些引用了这些资料的文档的工作变得轻松容易。在知识网络的查询页面中,引文索引就提供了引文检索服务(使用"引用资料检索"选项)。可以对下面的三个或者部分内容组合进行查询:

- 引文的作者
- 引文的文献(期刊名称,书名或者专利号)
- 引文年份(引用的文献所出版的年份,与其他检索选项结合使用效果最好)

例如,在 WoK 查询页面中检索作者"Cartwright, M.",引文年份为 1999 和 2000 年,得到七个结果,其中的一个结果可以链接到 WoK 数据库中的记录。文章资料为:Cartwright, M. 和 Shepperd, M. (2000),"对面向对象软件系统的经验性调查",《IEEE 软件工程学报》,26(8):第 786—796 页,2000 年 8 月。

点击这篇文章的链接可以获得详细记录中的两个数据:

- 引文资料:19
- 引文次数:21

"引文资料"表明 Cartwright 和 Shepperd 在他们的文章中所使用的资料数目。"引文次数"则指引用 Cartwright 和 Shepperd 这篇文章的文章数量。在这 19 个被引用的资料中,有 8 个在 WoK 中建有记录,并因此可以链接到。所有的 21 条"引文次数"记录都有链接。引文资料的日期,是从 1988 年到 1998 年;而"引文次数"里面的记录从 2002 年 5 月到 2006 年 11 月(查询在 2007 年 1 月进行)。这个例子就体现了引文检索中前推和回溯的特点。时间线图示见图 7.2。

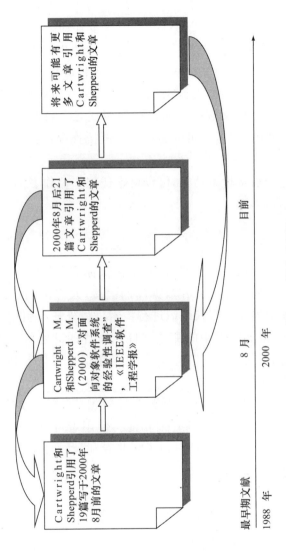

图 7.2 引文时间线

在斯高帕斯数据库查找同一篇文章,结果显示,2001年至2006年11月,在斯高帕斯数据库里被引用30次。

这样一来,被引用的资料和"引文次数"中所涉及的文献都可以被查询到。持续地察看每个文档中的相关资料,用户可以查询到由相关纪录所组成的链接。但是要注意,这样下去有可能造成不必要的困难,或者一路跳转至一个陌生的领域。

然而,使用网上引文检索,受到数据库和定制情况这两方面的影响。用户可能能查询到全文(科学指引)、带有摘要的引文或者文章的基本引文资料。如果在使用交互资料时,用户检索到了带有链接的资料,他可以通过这个链接查询资料全文(见第10章)。

使用电子引文检索功能,可以检索任何一位作者的作品,而不仅仅是第一作者。

专 利 引 文

英国知识产权局专利网站[1] 除了提供标准专利检索外,还提供了欧洲专利局 esp@cenet 数据库的链接,允许跨越欧洲逾20个专利局和世界知识产权组织进行检索。另外还有引用的文件(即检索报告核查人引用的那些文件)、文件的其他对应版本以及彼此相关的"同族专利"群。从检索结果能发现该专利被其他专利引用的情况。

美国专利局专利全文和单页图像数据库[2] 提供了"引文资料"和"被……引用"信息的查询功能。使用者可以检索引用了选定专利的专利,以及文档引用了哪些专利。同时,也可以使用资料范围进行查询。

引文检索时的问题

虽然比起使用印刷版本的资料来,使用电子数据库检索引文要简便得多,但这不意味着没有应当引起注意的问题:

- 使用 ISI 知识网络引文索引时,检索过程只能是一直向前的,检索结果也只能是 WoK 中收录的资料。虽然这是个收录了很多内容的跨学科数据库,但它也并不能包括已经出版的所有资料的记录,因此很多有关的记录将不会被包含在结果之内。只要有可能,就使用不止一个数据库。
- 在一篇文档中的引文内容不能保证它被系统识别为引文,应像其他任何资料一样加以评估(参见第 11 章)。
- 被引用文献的参考资料详情由作者提供,因此所造成的错误也被一并收入数据库。
- 数据库的收录偏好也会反映在所收录的引文中。
- 数据库内资料的日期可能有所限制。例如,WoS 艺术和人文学科引文索引中收录的资料起于 1975 年,而自然科学引文索引扩展将时间扩展到了 1900 年。
- 使用作者姓名进行检索会得到很多结果,有些可能是与要求无关的,因为作者可能重姓(或者首字母相同)。使用者应当利用如日期、单位和地址等信息来确认该作者是否就是要找的人。

当进行引文检索时,上述问题中的一个问题就会造成在大量资料中绕来绕去的错误。使用者最好记录下找到了何种资料、资料的位置之类的信息,这样研究工作就不会陷入无法处理或者过于复杂的局面。

对 照 参 考

在检索参考资料的时候,应当对其进行一定的组织。这需要同时使用印刷版和电子版两种资料来源。例如,在科学指引中检索到的资料包括了参考资料引文、全文(仅对订户)和文章中引文的列表。参考资料可能是上面的混合,而且不附带任何链接,或者只链接到摘要,或者是链接到全文包括参考文献。不附带链接的资料只能通过图书馆书目或者其他方法进行进一步查询(参考第 8 章和第 10 章)。

在处理印刷版的资料时,最好把带有参考资料的页面复印下来,并且标记它们的出处。这样也会对下一步的检索提供便利。

在进行文献检索的时候,应当利用好参考资料、参考书目和脚注。只有通过这种仔细的探究过程,才能彻底地满足研究人员对文献的需要。

英国的标准

当使用网上英国标准数据库[3]检索英国的标准时,检索到的信息会包含其他标准的对照参考资料(附有一些超文本链接)。这些资料都是回顾性的,并且不包括指向那些涉及当前浏览内容的后来标准的链接。标准条目本身会带有参考书目和对照参考资料列表,但是同时它也是回顾性的。不过,这个数据库允许用户使用一个扩展检索页来检索选定的标准究竟被哪些标准所替代。例如,检索标准号 6634(BS 6634:1985,ISO 6954—1984,1985 年 8 月发表),使用者会得到十六年后的 2001 年 5 月发布的 BS ISO 6954:2000。

交互资料和开放链接

交互资料是一个由众多出版商提供的合作性产物,使用它,用户可以直接从某篇文章跳转到另一篇中,而不必顾及出版商或者所载的出版物。越来越多的图书馆正在使用所谓"开放链接"的系统,它能使用户直接链接到可以从其他数据库获取的全文电子资源。这对于研究者而言是一个莫大的喜讯,他们可以由此轻松地追踪到文章所引用的资料。

要点

- 引文检索是研究对一部作品的影响以及该作品对其他作品影响的方法
- 完整的资料检索应包括引文检索
- 围绕既定研究范围,不要跑题
- 交互资料应核对完整性

清单

1 查验你所用作品的参考资料并确定打算进一步研究的内容。
2 你会在哪里查验文章是否在其他地方被引用过?你能找到这篇(些)文章的确切引文吗?
3 这些文章能确认为原创重要作品吗?假如不能,你能识别该主题的原创重要作品吗?
4 使用你在上面第二步中找到的参考资料,那些作品中引用的其他作品有相关的吗?

8 获取全文

导　言

　　本章的标题有"全文"一词,严格来说,它应读解为"全文及其他",因为资源可能不包括文本,而是图像或其他类型。在此阶段,研究者要核对一系列相关参考资料。这些参考资料中,有些可能通过链接形式直接链接到作品的电子全文(或其他)——假如全文可以免费获取或者是研究者获准访问的在线资料的一部分,就能做到如此。但可能有些资源不那么容易找到,还有的可能更难发现。

　　定位资料,就是确定在哪里可以获得所需资料的全部内容(文本、图像、记录或者其他形式)。有许多资料允许用户查询,例如,摘要和索引数据库、图书馆接口,但通常用户往往不得不在其他的地方查找全部内容。这时候,就有必要了解可用的选项,并且必须决定这种情况下应该采用的最适合的查阅工具。这些内容可能以印刷或者电子(也许两种形式都有)形式出现,定位资料的方式也多种多样。决定选择方法的因素有:

- 需要的内容格式
- 可行的获取资料方法(指选择最适合环境的方法)
- 如果需要研究人员外出以获取这些资料,那么就要在时间和距离这两个因素中保持平衡
- 比起借阅来,研究人员是否愿意花钱购买资料
- 用户当地的图书馆是否有该资料或是否打算获取该资料

本章主要讨论如何查找研究人员已经通过检索所确定的特定资料,所提及的许多资源也确实有助于发现材料(参见第5章)。

检索图书馆目录和全文电子数据库,可以定位大部分资料(以及检索)。在某些情况下,上面这些工具不能使用或者不适合的时候,也需要采用其他一些方法。档案目录往往描述了馆藏,而非馆藏内一个个材料。本章主要介绍了网上定位工具的使用。图8.1描述了资料的位置,以及查找的基本工具。

在检索的这一阶段,研究人员应当着手处理全部参考资料,或者所需资料的其他描述性的细节。获得这些信息,研究人员就能检索书目或者使用其他用来查询全文的定位工具。

RSLG报告(RSLG 2003)包括了一个调查的结果,称"50%的研究人员认为,他们所在的大学很好地满足了他们的研究需要。24%的研究人员认为他们所在大学的图书馆很好地满足了他们的研究需要"。调查结果令人满意,但同时也表明,仍有许多研究人员需要在其他地方查询资料。"研究资料网络"是个战略性机构,它的设立是为了"英国研究者的利益,组织协调在合作提供研究资料上的新进展"(RIN 2007)。该机构的活动将来会促使研究资料的提供与服务更完善、更完备。

定位资料不仅仅是找到所需资料的提供者的过程,而且还是找到最适合于研究的资料的过程。例如,研究人员发现,大英图书馆在它的文档书录中保存了资料的副本,但如果用户自己的图书馆提供直接访问,这一点就无足轻重了。

许多图书馆和研究中心允许使用者利用它们的书目(或者公用在线查询系统)检索其收藏的资料,以及资料的具体情况

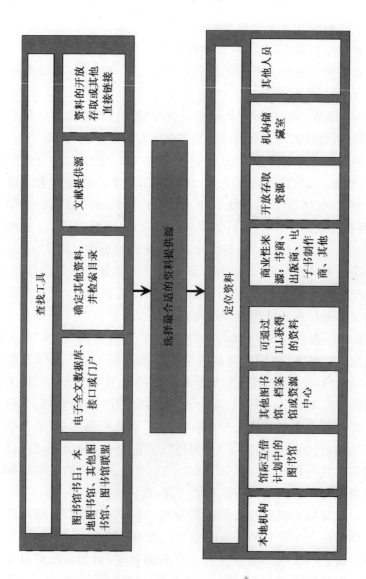

图 8.1 资料定位和查找工具

(参考附录1)。新系统能使用户可通过书目同时检索其他电子资源。

在本地研究机构中定位资料

研究人员在本地图书馆有最多的读者权限。如果研究者是大学或者大型研究机构的成员,那么他们会首选使用本地图书馆的公用在线查询系统和电子资源。而那些在外地进行工作的研究人员则需要熟悉如何更方便地检索某个信息提供源(例如图书馆、档案馆)的书目信息。但是应当注意,他们可能会有可获取材料数量和种类的限制(参见第10章)。

图书馆的书目对于定位资料来说非常关键,但是目录之外有些其他资源,例如部门藏书或者网页,或者在主要资源后面隐藏着的特殊档案资料。有些大的研究机构有很多分支网站,在每个站点也都有各自的图书馆或者信息中心。这时,使用一个涵盖所有图书馆收藏的书目就可以定位资料,否则只能使用多种不同的书目。

定位本地研究机构中没有的资料

对于某些高级研究来说,只利用一个图书馆来检索所有所需资料是不大可能的。因此,就要做好在本地之外检索资料的准备。如果某个特殊的资料详情不能在本地机构查找到的话:

- 尝试使用馆际互借,或者文献提供服务(参见第10章)
- 在其他地点(实际地点或者虚拟地点)进行查找并访问资料
- 放弃这次检索,并且尝试查找相似的信息

这里要讨论的是第二种方案。
这种在其他地点定位资料的方案是:

- 检索其他馆藏的书目
- 尝试定位电子材料的其他来源
- 检索商业性资料源
- 求助他人

这些方案应当按照顺序执行。

检索其他馆藏的书目

确定馆藏

在着手检索另外一个图书馆、档案馆或者信息源之前,有必要确定适当的馆藏。这些馆藏可能被收藏在图书馆、特殊搜集单位、国家图书馆、私人收藏、博物馆、档案馆等。有些是很明显的,例如国家图书馆和 HE 图书馆。HERO 提供了英国和其他国家的 HE 图书馆(以及其他一些信息源)的有关信息和链接。

其他的一些资料可能就不那么被人熟知了。《Aslib 英国信息资源手册》(Reynard 2004)就是一本关于上千种资料详情的综合性出版物,可以用作很好的检索起点。其条目按照组织机构的字典顺序排列,包括机构、委员会、协会和政府组织。同时,它也提供了交互资料主题索引。

馆藏描述

馆藏描述,是一种用户检索他们所关心的馆藏的一种方法。它常常包含了如藏品、质量等的信息。这可以用来检索定位资料。有两个例子,一个是"档案枢纽"(Archives Hub)[1](馆藏档案详细资料),另一个是表演艺术门户网站"幕后"(Backstage)[2],它允许用户检索英国关于表演艺术的资料的地址。

研究型图书馆

在研究型图书馆定位资料时,使用者应当时刻注意是否拥有访问这些资料的权限(参见第 10 章)。

检索公用在线资料系统和其他书目

通常可以轻易地通过网络访问公用在线资料系统。不过,没有这个系统的图书馆,使用者定位所藏资料信息会遇到困难。

联合书目和书目集

联合书目和书目集对于研究人员来说具有不同寻常的价值,因为它提供了同时检索多个书目的功能,从而节省了时间。节省了时间。它们是从面广量大的图书馆里查找资源的途径。在英国,已经有各种财团提出了大量对策。

期刊联合书目(SUNCAT)

英国免费获取的期刊联合书目(SUNCAT,Serials UNion CATalogue)[3] 为在全国范围内定位期刊提供了服务。它首创于2003年,仍在不断发展。SUNCAT号称"英国馆藏期刊信息最全资源"(SUNCAT 2007)。

大学研究型图书馆联盟(CURL)和COPAC

CURL的成员包括了英国和爱尔兰的二十余所大学和接受法定送存的图书馆。成员的一条标准是"拥有全国性或国际性的学术、研究资料设施声誉",以及"大量的用于支持大范围研究活动的收藏"的大学(CURL 2003)。CURL的成员清楚它们的机构如图书馆在英国科研界所起到的作用,以及通过联合书目提供检索它们的藏品和资料的责任。

CURL书目,COPAC[4] 可以通过网络免费访问。使用者可以同时检索成员图书馆中的书目,获取详尽的书目记录、藏品位置细节和使用情况(对某些图书馆)。

其他联合书目

CAIRNS[5](苏格兰学术信息合作检索网络)[5] 是苏格兰16个高等教育和研究机构图书馆(以及许多其他单位)的联合目

录,由 SCURL 资助。

SALSER[6]是由 SCURL 的成员所提供的期刊联合目录。使用者可以选择单独的图书馆、按照位置选择分组或者检索书目中资料的全文。

Inform25:高等教育图书馆 M25 联盟为成员机构建立了一个虚拟联合书目。这个联盟由伦敦及周边地区的高等教育图书馆组成。它允许用户同时检索超过 140 个学院和大学的图书馆书目,以及由多家机构参与的单独的期刊联合目录(ULS)[7]。

定位电子资料

目前,已经开发出许多旨在简化访问电子文档和其他电子资源的方法。定位电子资料并不总是一项简单的工作:用户首先应当检查他们自己所在研究机构的藏品,并且根据这些检索开放性检索资料。由于这是一个正在发展的领域,因此总是在变化。图书馆书目和其他检索系统会直接链接到主要的开放存取资料,但是这并不普遍。有许多规范杂志可以用开放存取模式免费获取:轻松查找这些刊物的方法正在改善。

电子期刊

现在,将大型图书馆的大部分期刊电子化的做法已经很普遍。在书目中列出了和印刷版本一样的文章的标题,有时还带有链接。虽然图书馆可能没有收藏或者提供对某个指定题目的检索,但可能创建了开放存取期刊馆藏并进行添加。这些期刊不向使用者收取费用,并且可以通过网络获取(见下文的开放存取)。研究人员可以检查这些文献的目录,以查找是否包含了需要的资料。

开放存取期刊的一个重要资源是开放存取期刊手册(DAOJ)[8](见下文)。

电子书籍

电子书籍领域发展迅猛。大多数重要出版社以电子格式制作标题。越来越多的图书馆购买电子书刊,其中许多都添进书目中,但并非所有图书馆都将其添进书目。这意味着要分别核对图书馆电子书数据库以发现哪些有用。找一本书刊会耗费时间,因为要查找大量资源。好在电子书对图书馆来说变得易于获取、易于添进书目,电子书馆藏也纳入图书馆整合检索系统,该系统可以跨越图书馆提供的多个电子资源进行检索。

开 放 存 取

获取学术资料事关学术前沿的大量工作。开放存取有两个相互关联的方面:(1)开放存取期刊在获取时是免费的,报酬早在出版过程中就由作者单位或研究投资方支付了;(2)在线资料库中研究材料所处的开放存取典藏由研究者的单位提供,通过互联网可免费获取。

越来越多的机构和研究人员加入到开放存取和免费的电子印刷品的大军中。比起艺术和人文学科,这一点更多地表现在自然科学和社会科学上。例如,RePEc[9]提供了大量经济学领域的免费获取研究文献的链接,包括工作底稿和期刊文章,英国的PubMedCentral(公共医学中心)收藏了生物医学与生命科学领域的开放存取文章。由于资料获取便利,这种类型的档案作为一种定位文献资料的手段颇有价值。

众多机构正在发展开放存取网上资源库,以供存储和获取自身研究资料或成果。其内容可能不限于电子印刷品,还包括会议文献、工作文件、论文及其他形式的灰色文献,以及图像和数据集。在OAIster[10]注册的资源库可跨库检索(OAIster从国际开发存取资源库收集资料)。Intute 数据库与 UKOLN(英国图书馆与信息网络办公室)以及 SHERPA 项目合作,(本书撰写时)正在为英国开发机构资源库检索服务。

其他的免费资料

虽然许多资料需要订阅或者付费,但是也有一些供应商允许免费获取他们的资料。如英国的国家统计局,就可以免费检索其数据和出版物。

查找资料的商业性来源

研究人员可能愿意私人支付或者采用其他的付费形式来获得某些资料。在这种情况下,他们会希望找到合适的商业性资料来源。

书　商

虽然在本地书店或知名网上书店就完全可以订购书籍,但若想购买某些绝版书籍则可能比较困难。这种情况下就需要某种专业性的书店或者绝版书商,如 *Abebooks*[11] 或者 *Bookfinder*[12]。查找这些资料通常比较困难。

期刊和其他资料

期刊文章和其他文献资料可以付费获得。例如,大英图书馆导引服务的文章可以检索,然后网上购买。出版商的网站或者网上数据库可以被用来检索这些资料。

其他人物

个人联系表,如同事、导师和讨论名单对于查询资料很有用处。同事可能不仅知道哪里可以找到资料,并且可能愿意将资料的个人副本出借(在版权规定允许下)。

灰色文献

查找灰色文献可能是一项非常困难的任务。对于手册、报告和传单等,可能没有一家图书馆收录这些资料,也没有任何参考性描述。随着机构典藏的发展,越来越多的灰色文献查找起来会更容易。

如果某种资料很难在图书馆中找到,一个解决方法是直接联系公司、个人或者部门。例如,如果研究人员有某篇国外论文的细节,并且这篇论文按照通常方法难以找到,在万维网上检索可以找到它最先发表的学术部门,或者作者的联系方式。当然,由于人员变动和资料变更,这种方法有时靠不住,但可能某个个人愿意把出版物的副本寄送给这位研究者。

定位资料的其他方式

欧 盟 资 料

虽然很多的欧盟资料可以通过欧盟的网站免费获取,寻找其他关于欧盟的资料的研究人员会发现,他们所需要的资料,可能在英国的 44 个欧洲文献中心(EDCs)之一里或者在欧洲公共信息中心(EPICs)里。资料详情可以通过英国欧洲资料网络[13]上找到。

报　　纸

图书馆保存往期报纸可能会遇到这样的问题,就是它的体积和实际形状使得保存和上架(以及经常阅读)都变得困难。面对这个问题,许多图书馆都将报纸的副本以缩印形式保存,或者通过电子信息提供商解决。大英图书馆站的报纸馆藏是英国往期报纸的主要提供源,包括全国性报纸和地方性报纸。它还为这些馆藏提供了一个专门性的列表。

官方出版物

BOPCRIS 数据库收录了馆藏手册,帮助用户查找所需的文档。英国国家档案馆目录允许英国的用户查找文件并找到大量文件的位置。

历史记录、档案和手稿

英国国家档案登记处[14](NRA)提供了关于英国历史的手稿和历史记录以及保存位置的信息。

ARCHON 指南提供了包括在 NRA 中的档案的馆藏细节和联系方式,包括那些没有保存在英国的资料档案中有"大量手稿藏品"(National Archives 2007)。

　　档案枢纽[15]是英国高等教育及院校收藏的档案与手稿馆藏说明的国家级门户网站。该网站提供了有关该馆藏的资料,并附有链接,可以直达更多资料与目录的网站。

　　档案查询系统(A2A)[16]可以访问英格兰与威尔士收藏的本地档案众多馆藏说明。

　　SCONE(苏格兰馆藏网络拓展)[17]提供了苏格兰图书馆、博物馆、档案馆收藏的馆藏说明以及其他地方收藏的有关苏格兰主题的馆藏说明。

　　AIM25[18]提供了网上访问大伦敦地区逾50所高等教育机构和学术团体档案馆藏层级说明途径。它由"研究支持图书馆计划"(RSLP)维护和资助。参与机构包括伦敦大学、在伦敦的M25联盟内其他大学的学术性图书馆、皇家学会以及关于医学和自然科学的学会。

要点

- 定位资源事关找到资料的最佳来源
- 检索目录包括联合目录
- 开放存取材料可能会链接到图书馆目录,但也可能需要分别检索
- 定位资料、尤其是灰色文献,既要网上检索,也要使用印刷目录并亲自与人联系

清单

1. 你在本单位核对过所有可能的目录和网上资源(包括网上全文电子期刊与电子书馆藏)了吗?
2. 你所需的任何材料能在开放存取期刊或通过开放存取典藏免费获取吗?
3. 你知道相关特藏或档案馆吗?

9 利用万维网进行研究

导　言

万维网(简称 WWW 或 Web)仅仅构成了因特网的一部分。因特网是网络系统的集合,它包含诸如以下的因素:

- 电子邮件
- 讨论小组和新闻组
- 万维网
- 文件传递的方式

本章内容涉及因特网中的万维网部分,该部分所包含的免费资源,以及如何查找和评估资源。万维网为其用户提供了查找文件、图解和动态影像的途径,同样也提供了更多信息资源的超级链接。

与别的信息发布流程不同的是,万维网上发布的信息不需要审查或任何编辑校对。这即意味着资料的质量和可靠性可能存在问题。因此确认所用资料质量是否可靠,是用户自己的责任。最后,我建议用户精通网络资源的评估技巧,而不要糊涂地使用网络资源。

毫无疑问,万维网对研究工作来说是非常有价值的工具,它免费提供了大量高质量的信息,但同时也存有许多不可靠的信息。精通网络评估技巧便是学会如何区分这两种信息。

从万维网上有可能找到某项查询的结果,利用这种方式进行查询,可能会比从身边的印刷品中寻找资料要快得多。以下三点可以作为选择哪种方式进行查询的依据:

- 位置:用户能够获取资料的地点有多近
- 时间:使用电脑检索和从书籍中检索哪一种更快
- 时效性:尽管网络信息可以每日更新,但在实际操作中并非总是如此

最好的选择是看哪种方式最有利于查询当下需要了解的对象和其所处状况。

Intute 互联网指南

Intute 为使用互联网提供了有用的训练与指导,包括两方面的互联网指南:

1 用于选定课题领域互联网研究技巧的虚拟培训套件。每个课题包括涉及课题专业网站的内容,如何有效检索网络以及如何评估网站的指南。

2 "互联网监测"是虚拟培训套件的组成部分,它"就评估网站质量提出了切实可行的建议,并在选择网上资料源时突出需注意的地方"(Place et al. 2006)。该指南包括有关学术资源、版权、剽窃以及评估网上发现的资料等方面的帮助。

亦见下文"主题网关"。

万维网上查找资料的方法

使用一种或多种不同的查找工具可能找出所需资料的所在。可选方式如下：

- 将网址（URL）输入地址栏
- 利用网关或者门户
- 利用搜索引擎

选择哪种查找方式取决于研究者想要链接哪一种网站：

1. 特定的网站，网址已知
2. 特定的网站，网址未知
3. 由专家已经选定的主题网站
4. 以选定主题为宗旨的网站
5. 流行网站或资料来源之外的相关网站

网址已知时，研究者可以毫不费力地将地址输入地址栏，然后链接到该网站。对于情况 2 和 5 来说，使用搜索引擎是比较合适的选择。而在 3、4 和 5 的情况下，用户可能会用到网关或网络目录。

如果不知道网站的确切地址，用户不妨凭经验猜测一下某个网站的地址。通常情况下，网站地址会包含以下诸项因素：

- 商业公司：.com 或 .co.uk
- 高等教育网站（分别是英国和美国的网站）：.ac.uk 或 .edu
- 英国政府网站：.gov.uk
- 其他组织，比如专业团体或者慈善团体：.org

网址末尾的字符是国家名称的缩写,比如:.fr 指的是法国,而.de 指的是德国。

链接到被选网站

发现需要的或相关的网站后,有可能链接起来很顺利,也有可能不太顺利。网站可分为以下几类:

- 免费提供——资源是免费的,没有获取限制。
- 在一定条件下是免费的——资源(或其中一部分)在一定条件下免费。其条件可能与网站所属机构有关,或者要求用户注册。
- 机构认证——只有当用户所在的研究机构拥有资格证或许可证时,用户才能够获得该资源。这即表示只能通过电脑从某个特定的地点获得资料,比如从某所大学或某个公司等。
- 商业化购买,如按次付费

访问条件可能会限定同时使用某一特定网站的访客数量。一些网站通过设置访客选项来限制用户获取资源,用户只能获取资源的一部分,而非全部资源。

主 题 网 关

因特网网关是以主题为划分依据,分布于外部网站的在线信息资源的集合。它们通常以网络目录的形式出现,并由该主题领域的专家或信息专家进行筛选和评估。

此处介绍的网关例子,以学术用户作为目标受众,不过任何人都可以免费获取。

Intute 网关允许用户在整个网站或在四个宽泛主题领域内检索,具有标注和电子邮件记录等实用功能。

Intute 是免费在线服务，提供访问教育与研究的最佳网络资源。该服务由英国一批大学与合作伙伴创建，学科专家挑选、评估 Intute 数据库里的网站，并撰写高质量的资源说明。

(Intute 2006)

在线百科全书"维基百科"（Wikipedia[1]）成为特别受欢迎的资料源。虽然它确实收录了大量有价值、有意思的资料，但用户应牢记，其内容未必总是经过专家的编辑验证。

门　户

门户是用户可以根据自己的身份和喜好来进行个性化设置和个人定制的高级网关。它们所具有的特征包括跨数据库检索、用户个性化定制服务以及筛选所有的资源。它们具有的功能可能包括：查找资料、收取邮件和在线讨论。有的门户能够深度挖掘资料（偶尔被人称作"密集型门户"），因此可能会允许用户不必链接主要搜索页面（Dolphin et al. 2002），而是直接链接到外部提供者所提供的某篇期刊论文的全文。门户是静态的，即对所有用户来说，它所显示的内容都是一样的。

JISC 将门户描述为"有可能个性化设置，共同点是跨越一个或数个资源库进行搜索，并最终显示出综合结果"。（JISC 2007a）。单位可以为其成员设立门户，作为向指定的职员及学生群体提供对口资料与服务的工具。门户与单位里 VRE 等其他服务结合使用，这样用户不必到处查找资源来源就能轻松无误地找到并使用资源与服务。

使用搜索引擎

什么是搜索引擎？

万维网是各种不同信息的聚集之地，它既没有固定的秩序，也没有指定的索引或储存系统。这也就是说，万维网不同于图书馆。一个井井有条的图书馆内,所有书目都经过编目和分类,秩序井然地放置在书架上。相比之下,从万维网上寻找相关资料如同海底捞针,资源非常广泛,并且不断地扩大。

搜索引擎是以用户输入的标准来查找因特网网站的一项计算机程序。网站通常都可以免费登录,但有的网站需要申请批准(比如 Northern Light[2])。尽管每个引擎都致力于使用户相信它们是最好的、内容涵盖面最大(即使不是网络信息的全部,也是绝大部分)的引擎,然而事实却不尽如此。大多数网络用户有他们偏爱的搜索引擎,如果不考虑其他引擎的话,这种使用习惯很难被打破。

上述搜索引擎指的是用于在广义万维网上搜索信息,而非仅在某一专门的局域网内使用的引擎。

搜索引擎的数量

一般而言,用户都能够说出一些相当有名的搜索引擎。事实上,数以百计的搜索引擎都是可以免费使用的。它们的区别在于搜索方式不同,覆盖网站不同,以及显示结果不同。比较各种引擎的优劣是值得一试的,如果用户未能得到最需要的结果,则有必要做好对检索结果进行筛选的准备。

搜索引擎的特征

查找资料的方法

搜索的两种主要方法是:① 用户可在引擎中输入查询对象;② 用户可以依据引擎(这种引擎建立在一套目录的基础上)目录搜索所需网站。目录选项由人创建,创建者制定了每一个站点的详细目录。

1. 用户可在引擎中输入查询对象

目录中有不同的分类:

- 任意字词检索
- 辅助检索

● 自然语言检索

任意字词检索中,用户通过命令栏或类似工具输入查询目标。查询内容可能很精确,并加上逻辑检索词及其他运算符。对专业检索者来说,任意字词检索是最可靠、最令人满意的搜索方法。使用这种搜索选项的引擎有 *Alta Vista*[3] 和 *All the Web*[4]。

辅助检索提供了对话框供用户填写,选项如下:

● 所有字词
● 任意字词
● 精确词组

上述选项实际上也利用了逻辑运算符。(请参阅第 6 章)

在自然语言检索中,用户可以像进行口头咨询一样输入需要查询的对象。举例来说,查询对象可能是"为什么亨利八世处死了安妮·博林?"或"我怎样才能查到国会图书馆的目录?"

2. 目录

目录或索引搜索引擎利用分级主题系统进行检索。检索会集中在某一主题上,直到找到确切答案。例如,Yahoo UK[5] 就政府、健康、地区和科学各罗列了 14 个左右的选题。点击"政府"一栏的链接,便看到一张网页,所含内容如下:

一级目录:

● 国家
● 法律
● 军事
● 美国政府

还可以选择其他分类,如"使领馆"、"国际组织"等。

目录对于需要一组有关某一特定主题的网站的用户是有用的。但对于网页上充满某一特定字词的网站,使用任意字词检索引擎则更可取。有的混合引擎为用户提供了上述两种选择。

元搜索引擎

元搜索或组合搜索引擎(有时被称作网络爬虫)提供了从多个搜索引擎中一次操作查询结果的途径。该途径非常有效,有助于从浩瀚无边的网络资源中进行检索。举例而言,$Ixquick^6$ 引擎能够在 12 个引擎所含的内容中进行检索(其中包括 $Alta\ Vista/AlltheWeb$、$Ask/Teoma$、$WiseNut$ 和 $Gigablast$)。检索结果在获取列表中显示,指明每一项结果各分布于哪一个引擎上,并给出了结果所属网站在该引擎上的排名。$Kartoo^7$ 建立在大约 14 个搜索引擎的基础上,并在其中一些引擎中展开检索,同时用户也可以选择在全部引擎中检索。

元搜索引擎的一个缺点是截断符和通配符不可能在使用过的所有引擎中保持一致。

目标限定引擎

有的引擎被设定为仅在某国国内使用(如 $Lycos\ Francais^8$ 或芬兰引擎 www.fi[9])。

"谷歌学术"与"视窗生活"(Windows Live) 学术检索

在本书这类著作中,"谷歌学术"[10]必须提及,这是谷歌专为包括文章、论文、著作在内的学术文献提供的搜索引擎。需要强调的是,本书撰写之时,"谷歌学术"还是"测试"版,虽然很有用,但不够全面。"谷歌学术"有许多令研究者颇感兴趣的功能,如引用资料链接、相关文章要点和图书馆目录链接等,出版社可以商定能用"谷歌学术"检索其出版物,图书馆也可以商定为用户提供电子资源的全文链接。还有个功能可以让检索者找到某本资料的下落。

微软检索学术资料的引擎是"视窗生活"学术检索[11]。该服务设计了一些功能,如"作者链接"可以让研究者在该系统内找到收录的同一作者的其他资料。另一个有用的功能是分屏:检索结果居左,预览选定结果居右。"视窗生活"学术检索收录的内容由出版社直接提供。和"谷歌学术"一样,收录了并不意味着检索者就可以访问全文——除非资料可以免费获取,只有获许者(如订户)才能访问。该服务眼下还是"测试"版。

可以跟踪这些服务,看看它们如何发展,是否被学术界普遍接受、是否好用。

快速和高级检索选项

许多大型搜索引擎都提供了快速和高级检索(或"更精确")选项。当检索术语或词组较少,研究者也不在意结果显示的数量和可取程度的话,快速检索是很有用的。而当检索术语是不常见的字或词组时,快速检索只能提供相近的结果。如果在快速检索的同时,附加使用逻辑运算符、通配符或词组标记,也许能提高快速检索的质量。

高级搜索能保证搜索结果的精确度和相关度更高。它可能为用户提供了在语言、范围或文件格式(比如 PDF)等方面的选择。例如,使用 *Google UK*[12](使用"来自英国的网页"选项)进行一项术语检索,结果显示如下:

快速检索:

- 查询:内燃机(internal combustion engine)
- 结果数目:116 000

高级检索:

- 查询:内燃机
- 语言限制:英语
- 格式限制:Adobe Acrobat PDF

- 日期限制：显示最近三个月内更新了页面
- 事件：返回查询词在标题中出现的网页
- 使用权：不加筛选
- 结果数目：226

默认配置

输入两个或两个以上的检索词时，用户应当了解搜索引擎的默认配置，它是否是逻辑运算符 AND 或 OR，因为搜索结果的不同取决于默认配置的不同。关于默认配置的信息通常在引擎的"帮助"功能中可以看到。勤于查看引擎"帮助"功能可以确定搜索结果是否与期待答案相符，并有利于用户能够充分利用引擎的各个功能。

界面

搜索引擎的界面有多种形式：有的界面在每一寸空间里都填充着文本和图表，而其他的界面则看上去相对简洁；有的含有动态影像，比如广告商要促销的产品，而其他的则没有如此明显的商业信息。各引擎的主页也不尽相同，有的是一览无余，有的则需要滚动屏幕才能看到网页全貌。如果界面上有类似 Yahoo 的"我的搜索引擎"一类的选项，那么用户便可以自己来设定该界面的面貌。通过界面定制，用户可以选择让界面上仅仅显示他所感兴趣的内容，定制选项中可能还包括提醒功能。用户个人的偏好在界面定制中起到一定作用。

假如链接的文字太小，高级检索选项可能会不明显。

类似 Kartoo 这样的引擎显示结果的方式非常有趣，它以图像代替文字显示结果（尽管典型的列表仍然必不可少）。一张图表说明了所有中选网站是如何以主题为根据链接起来的。结果界面中也有一个主题列表，帮助用户限定相关主题来缩小再次检索的范围。Kartoo 同样也有基本的查看全部检索历史的功能。

随着搜索引擎的日益复杂，更多功能得以添加。如"建议其他检索",输入时联想关键词,建议检索图片、博客等相关资源出处。

比 较 结 果

主页不尽相同,结果页面也形式各异。结果可以依照不同的秩序进行排列,秩序不同,显示的频率和信息数量也不同,后者有利于评估检索结果。

结果的排序和适合性

对研究者而言,至关重要的衡量标准很可能是查询结果之于目标的相关程度。结果的排列顺序很重要,因为链接地址太多,研究者不可能一一查看。

引擎设计者们一直致力于完善搜索机制来增强查询结果显示的可靠程度。而查询结果的可靠性取决于用户输入的检索词。该词条所在的地点(如果位于标题当中,则最终结果可能越接近目标)、元数据(描述网页的隐藏数据)、一个页面上的链接数量以及引擎对付网页发布者为使他们的网页排名更高而采用的不正当诡计的能力,商业链接出现在许多结果页面的顶部。

搜索引擎对网页相关度的界定决定了结果的排列顺序。重申一遍,这一点正好可以区分各个引擎的不同。

结果页面

结果页面会显示简短的摘录语帮助用户去判断网站是否合乎要求,是否需要进一步的审查。每个结果页面所显示的信息量都各不相同。有的结果页面带有某些附加功能,比如"相关检索"链接,或提供了网站最近更新时间和用于精确检索的检索词列表。上述功能使得检索进行得更顺利,且结果更接近目标。举例来说,Google 提供了"在结果中检索"的选项,大大缩小了检索的范围;Ask.com[13] 提供了许多缩小检索范围的选项;Clusty[14] 将结果分组或"集合"相关资源。

搜索引擎的可靠度

许多搜索引擎都拥有快捷的检索速度和良好的可靠性。但用户仍有必要了解以下几点。比如，一些引擎是利用网络蜘蛛或者网络爬虫来建立数据库的。网络爬虫通过游走于互联网之间来收集站点，这可能要花点时间，也就是说每次访问网络蜘蛛得到的结果是不同的。

并非所有的引擎都能找到像PDF这种格式的文件。请参阅下一节——看不见的网页。

目录搜索引擎的目录由人工汇编而成。这即是指用户认为网站可能存在的地点也许会与编辑者的设定不同。

看不见的网页

编入搜索引擎或其目录中的数量庞大的网页，会使用户误以为万无一失。事实上，互联网中大量的区域通过引擎无法轻易链接上，这些区域被称作看不见的网页。

这一类的网站可能是：

- 包含数字资源或记录的一个个数据库
- 受密码保护的网页
- PDF或html以外其他格式的文件
- 其他链接无法连通的URL
- 非文本内容（如图像）
- 动态内容

如何链接到看不见的站点？人们曾经尝试过去突破这一难点。如将PDF格式的文件纳入了搜索范围。对于研究者来说这是一大福音，因为许多学术著作是以PDF格式为载体发布的。

选择搜索引擎

既然有如此多种可用的引擎，难以从中选择，那么多数研究者倾向于使用固定的引擎便是很自然的事情了。有的研究者会从使用某一主题引擎或特定国家引擎中受益。举例来说,Scirus[15]是以科学为主旨的引擎(这一说法来自站点发布者爱思唯尔),国际搜索引擎目录[16]列出了一批特定国家的引擎。尽管研究者常常习惯于使用某一引擎,但仍可以看看表9.1中提供的选择引擎类型的标准。

了解搜索引擎的更多方面

有的网站是专门为帮助用户了解搜索引擎的更多信息而建立的,它们同时也提供了有关引擎异同的有趣统计(虽然有时统计的方法不太科学)。网页更新程度各不相同。

- 菲尔·布莱利的网页(Phil Bradley's Web pages)(Bradley 2008)
- 搜索引擎观察(SearchEngineWatch)(Sullivan 2007)
- 搜索引擎比拼(SearchEngineShowdown)(Notess 2003)

评估万维网上查找到的资料

因为万维网上找到的资料良莠不齐,有些严肃可信,有些则完全不可信赖,所以研究者应该掌握评估查询结果的技能。有的网站明显是为商业目的建立的,或是粗制滥造的,其他的则更难肯定到底是值得信赖的学术信息资料库,还是可能有不可告人的动机或不可靠言论。

用户应当用下表中的标准来定夺一个网站是否可靠。如果对网站的质量没有把握的话,暂时忽略该网站,或明确该网站上的信息不可靠、有问题。

表 9.1　挑选搜索引擎的若干标准

任　　务	引擎种类
用户准备好了关键词	任意字词
用户知道想要链接的特定站点	任意字词
用户希望在文档内查找词条	任意字词
用户希望使用一组包括同义词在内的关键词	任意字词
用户希望输入大量检索词但对连接关系不确定	辅助任意字词
用户希望以问题的形式输入查询对象	自然语言
用户希望浏览某个题目	目录/索引(或网关)
用户希望在某一主题内纵览站点	目录/索引(或网关)
用户希望在尽可能大的范围内进行检索	元引擎
用户关注某一特定国家的站点	特定国家(或网关)
用户关注某一特定主题的站点	特定主题(或网关)
站点可能是看不见的网页	PDF 格式,看不见的网页引擎(或网关)

评估网站的标准

可以使用下列标准来评估网站:

- 所有权:该项信息不清楚的网站不值得信赖。创建者可能是任何人。尽管版权所有者可能受到误解和偏见,但他们的目的常常是清楚的。
- 权威性:如果用户不信赖网站创建者,或发布该站点的合作机构,则无需使用站点的资料。
- 时效性:站点,包括站点内的链接没有得到更新的话,那么不应当信赖该站点。资料是可能有误的。
- 内容的质量:判断内容的质量比较困难,尤其当内容看上去似是而非时。深入调查的话,研究者会发现找到这些内容的支持数据是不可能的。在很多方面都可能出现内容误差(正如任何出版过程中会出现问题一样)。比如,误差可能会出现在政治观点、学术性(即,仅仅支持一派学说)、商业性等方面。
- 预期用户：网站应当为这些用户提供恰当的资料。

研究者需要参考下列问题来判断使用哪种标准：

所有权

1. 是否清楚谁是网站/网页的创建者？
2. 该资料是否有版权所有者？
3. 有网页所有者的详细联系方式吗？

权威性

1. 网站创建者拥有怎样的权威性？
2. 研究者知道出处可靠的网站吗？

时效性

1. 资料更新情况如何？
2. 该网页上的网络链接有效吗？

内容的质量

1. 声明是否有可靠的证据支持？
2. 网页中语言和语法的使用是否存在问题？
3. 网络链接到的是高质量的可靠网站吗？
4. 资料是否在某方面有误差？

预期用户

1. 谁是预期的用户？

2. 该站点是否服务于商业促销产品？
3. 该站点内含有广告吗？
4. 是否向你收费？
5. 也可参阅第 11 章。

最关键的，是要具有判断力。

若干有用的小窍门

只有通过实际操作，并主动去了解网络中的问题和可用功能才能熟练应用万维网。一些有助于提高网络使用效率的窍门如下：

- 在网页上寻找检索词时，可使用电脑自带的查找功能。该功能可能位于编辑菜单或可直接使用热键/快捷键，比如按下控制键＋F，该功能可以不用翻看很长的页面。
- 许多大型引擎都会提供"在＿＿＿中查找"的功能来缩小检索范围而不必重新再查一遍。这使得用户能够在结果中继续查询。
- 保存网站（或将网站添加到收藏夹里去）是有用的功能。当研究者想要再次回到初始网页时，这样会更便捷。使用该方法重新访问网站时，刷新或重新加载网页以确定能够看到最新的内容。

要点

- 门户是快速找到相关且可信资料的途径
- 搜索引擎的功能、外观及排序各异
- 准备运用不止一个搜索引擎
- 万维网上查到的资料应该评估其可靠性

清单

1 考虑过使用不止一个搜索引擎吗?
2 查到资料后记录下详细出处吗?
3 对于万维网上检索到的内容够挑剔吗?

10 获取资料

导 言

在资料检索的这一阶段,研究者将了解到检索对象的详细情况(实体形式或电子形式)及其所在地点(比如可利用图书馆外借服务获取某些资料)。

有许多问题都与获得资料相关,比如:

- 借书权限
- 使用电子资料的许可和证明
- 查看、保存和打印电子资料
- 使用其他图书馆资料的限制
- 开放存取等新举措
- 使用馆际互借/享用文件供应的权利和花费
- 获取灰色文献的潜在困难
- 出版者之间的协定(从数据库到全文的直接链接)
- 敏感资料
- 时间延误

获取本地机构中的实体资料

研究者的主要资料来源很可能还是本地的机构。对工作地点距离本地机构较远的人来说,获取其他资料也许会更便利,但是本地机构能够为用户提供获取电子资料资格证(至少该机构准许使用)和最全面的外借权限(有可能的)。而外地学习者需要办理特殊手续才能从该机构获得资料。

研究者大都具备从其所属机构获得借阅与获取资料的权利。更重要的是,这些权利都是免费的。他们必须要极为熟练地使用本地图书馆目录,才能确定所需资料是否在库,才不会浪费时间从其他地方获取资料。

有的图书馆由多馆组成,用户需办理特殊手续才能从其他馆藏处获得资料。比如,图书馆会提供从其他分馆(比如很远的分馆)送到本地的常规的资料邮递服务。

图书馆的闭架区要求读者给出书目,然后等待图书管理员将书本找到再送出来。这种借书形式涉及时间问题,研究者在制订研究计划和索要书目时应当考虑到。

即使是在本地机构,有些资料的获取也受到严格限制,或者,资料存放在闭架区内,只有办理特殊的手续才能获得这些资料。

通过本地机构获取电子资料

从数据库到全文的链接

根据出版者和资格协议的许可,用户能越来越多地从书籍目录数据库直接获得所需对象的全文。像 Science Direct 或 Ebsco Online 这样的数据库是存有文献全文的,用户只需运行搜索引擎便可检索到。而要获得全文,用户需持有相应的认证或愿意付款来购买一张信用卡,以便向数据库申请文献邮递服务。

是否提供全文的链接取决于文献捐献者的授权。在电子资料环境扩张的过程中,随着出版者与数据库提供者不断进行协商,以及图书馆将其馆藏的目录制作成网络链接,越来越多的协议和选择被纳入其中。比如 ISI WoK,就为高等教育提供了两项额外的服务：

- 持有权：从 WoK 到图书馆馆藏目录(以及 COPAC 等其他目录)的链接。如果 WoK 目录中有图书馆提供的电子标题的任何链接地址,用户可链接到这些标题,即使它们不属于 ISI 与出版者制定的协议范围之内。
- ISI 链接：从 WoK 完整记录到在线全文(全文的所在地)的链接。该链接受其所属机构管理,反映该机构的授权问题。

与电子资料供应相关的问题

比较常见的情况,是用户能够保存、打印和将某一内容以电子邮件或传真的形式发出。用户有可能无法复制 PDF 格式的文档。有时可以选择获取 HTML(超文本标识语言)格式的全文或 PDF 格式。

获取电子资料的一大难点是从发现目标到获得文献全文,整个过程中需要使用不同的方法。最简单的一种途径是：找到资料,点击链接,无需任何中间步骤便可以获得全文。然而发现目标之后,还可能需要转移到由另一个提供者提供的独立资料库,该处带有不同于目标发现地的链接到全文的界面。

如前所述,从发现资料到最终获得文献全文的操作,随着资料库转移过程中间步骤的裁减,正变得越来越容易。

电 子 图 书

许多研究机构都提供了一些书籍的电子版本。目前,获得这类资料的方法也有不少,因此用户有必要考虑如下几点：从哪里获取资料(各机构提供资料的形式都不一样),采用哪种获取机制(通过个人电脑,还是掌上设备),以及图书馆目录包含的信息如何。有些图书馆在其目录中收录了馆藏的每一个标题，还有些图书馆要求研究者单独检索电子书资源或使用图书馆的联合检索工具。

许多重要电子书资源已由 JISC 购买或得到许可，使英国高等教育以及继续教育机构能负担得起。这些资源往往是（撰写文章期间的）参考资源或历史资源。一个例子是 EEBO（早期英文图书在线），它涵盖了多门学科，包括 1473 年至 1700 年间逾 125 000 部著作。研究者应定期检查其图书馆电子书供应，因为资源中可能会找到有助于其研究的著作。这些资源可能会定期变化，因为添加了新的著作，有新的资源可以获取。

有些电子书版本可以免费获取，如古登堡计划[1]所列电子书（但读者应该按照该网站的建议核对此处的版本）。这些电子书往往是老版本。

利用其他图书馆

英国正致力于为研究工作提供同步支持，大学图书馆之间签订了越来越多的相互外借书籍的互惠协定。假如本地图书馆未存有所需图书，读者可以从另一所与本地图书馆建立了馆际互借或借阅协定的机构借到。借阅协定可能是本地的、区域的或全国范围内的。如果想很好地利用这种协定获得资料的话，研究者首先应当查找清楚具体的藏书地点和书籍的目录。

SCONUL（英国国家及大学图书馆协会）特别研究计划（Research Extra[2]）允许研究生和大学教职工能够从其他会员图书馆借阅书籍（目前主要是英国 HE 机构）。用户应当清楚电子资料是不包括在该计划内的。SCONUL 还有效推动了其他的资料获取和借阅计划。

大英图书馆之类的国家图书馆允许研究者获取其资源，用户应核对使用状况、订阅手续与时间等详细情况。而获取某些需要特殊保存的稀有资料是有限制的。

使用其他图书馆

机构同其他地区性、当地或联合机构间互惠计划的例子包括 RIDING 计划,该计划由约克郡和亨伯赛德郡的大学联盟制定。此外还有英格兰西北的 NoWAL 图书馆,以及苏格兰的格拉斯哥、思克莱德、格拉斯哥卡利多尼亚、佩斯利等大学的图书馆之间签订的互惠计划。

当考虑借助于互惠计划时,研究者首先要明确资料所在的图书馆目前是否属于计划范围之内,以及是否还有任何获取或是借阅的限制。有些藏品可能很珍贵,或者很稀少,图书馆只有在确定用户符合借阅要求时,才会将藏品交给用户。

文件传递服务

许多图书馆通过以约克郡 Boston Spa 为基站的大英图书馆文献供应中心(BLDSC)来实现馆际互借服务。注册用户因此能享受到各种不同的服务项目。位于伦敦 St. Pancras 地区的大英图书馆则将馆际互借开辟为单独的用户服务项目。

通过馆际互借而借到的期刊论文通常是以影印本的形式提供的,以方便用户保管。如果研究者需要同一卷期刊上的多篇文章,那么遵循著作权法,整卷刊物也可以被借用。提供给研究者的有时是书本章节的复印件(取决于著作权),有时则是全书。而对书籍使用的要求会因书籍所有者设定的限制条件不同而不同。举例来说,如果书籍只能在图书馆内借阅,则借书者不能将书籍拿出签订馆际互借协定的图书馆。书籍借阅时间有限且不能续借,在指定日期之前没有归还的话,将会被处以很重的罚款。

用户通过馆际互借来索取图书并签署版权声明时,即表示自己同意遵守版权协定,将按协定要求来使用图书,比如,仅仅出于个人研究的目的而使用图书,或者之前没有获得过同一书籍。

图书馆通过馆际互借为大量用户提供书籍,同时用户也要为此支付更高的版权许可费。

馆际互借的常见对象是书籍和论文,但是用户会发现,交到他们手中的却是缩微本,尤其当索借对象是论文的话,得到缩微本的可能性更大。用户应当仔细阅读使用说明,其中可能会有关于打印或其他使用方式的指导。有时可以选择在线传输和电子访问。

尽管从大英图书馆索借的期刊论文的影印件通常在短短几天内就会送到借阅者手中,但也有耗时较长的时候。有时大英图书馆并未藏有读者所需的资料,在这种情况下,就有可能会因从其他地方获取资料而延后时间。假如该资料同时有多人索要,读者名单已经列出,或是该资料需要从国外借进时,时间延宕也是可能发生的。无论哪一种情况,只要是通过馆际互借来获得资料,用户都需要等待。研究者在准备索借之前就应当计划和考虑到这一点。

文件传送服务系统可用来查找和获取文件。大英图书馆(The British Library[3])目录上有一个独立的检索选项(目录内子集检索)为远程用户提供服务。*Ingenta*(在线,或传真/航空邮递论文选项)、DocDel[4] 等为用户提供了在线文件传递,但需缴纳费用,而大英图书馆则提供了付费文件传送服务——大英图书馆导引。可供传送的文件目录可以在 DocDel.net 上看到(不过有必要核对开放存取资料,那里的文档有可能免费获取)。一个独立的索引将文件按主题一一列表,并附带一份英国提供点的清单:其中许多服务点拥有搜索其文件数据库的功能。假如一份资料存在于在线期刊数据库中,即便研究机构没有订阅该期刊,用户仍然可以用信用卡通过个人付款来申请文件传递服务。期刊出版者,比如一些科学读物的出版商,有时会为读者提供点击付费(按次付费)的传递服务,Kluwer[5] 或 Elsevier STM 则通过 Science Direct[6] 或通过 Ebsco 这样的站点文献服务机构来实现点击付费服务。

开放存取学术出版物

英国和全球学术机构中的研究者以文章、数据集、论文原稿等形式将他们的研究成果累积保存起来。这笔财富一直不对外开放,假如能够为其他研究者所用的话,应当会有助于充分改善研究氛围,提高研究进展的速度。使学术出版物得到更广泛的传播和利用的努力,正在全球范围内不断发展起来。

电子预印革命

电子预印革命开始于1991年,当时建立了一套用于储存和提供获取学术论文途径的电脑系统。现在,该知识库(目前位于康奈尔大学)以arXiv[7]而闻名于世,其内容涉及物理、数学、非线性科学、计算机科学等学科。作者选择递交论文时,论文很快就会被传递到arXiv上,一旦存档后,便可以开放使用,也就是说,其他用户可以免费使用。

一份电子预印品是以电子形式呈现的学术性出版物,通常是期刊文章。它的内容包括科研、学术会议论文、实验结果及其他研究成果等。它们或是预印本(还未经专家审核)或是已印本(已经专家审核过)。这些电子文本有的保存于电子预印数据库中,有的则被存档,它们本身具有的电子属性使得它们比传统的印刷品更容易推广。

英国的JISC投资多项计划及其他工作,以支持发展数据库及基础架构、服务和建议,涉及"鼓励全英机构电子印本数据库的创建"以及"发展符合统一标准的获取此类数据库内容的新型服务"(Day 2003)。电子预印数据库正迅速成为机构研究信息典藏的常见组成部分(Day 2003)。

与研究有关的、尚未出版的文件对研究者来说价值重大。尽管有的研究者不希望个人成果以初稿的形式或在通过审核之前(尤其是在医学领域)就为他人可见与使用,但仍有许多人很重视他人是否能够获取到这类出版物。这一类型的学术著作通常无须付费便可获得,其影响力的扩大对作者来说是最大的收益。

文献自由传播的结果是研究者能够直接获得大量研究文件论集。正如安德鲁(Theo Andrew)阐述的那样:"学者们明白这是可以将他们的成果传播给广大读者的大好机会,他们的研究声望也能随之提高,于是他们同样也把握住机会来利用这项新技术将研究资料传递到网络上。"(Andrew 2003)

机构典藏

随着免费电子预印软件的迅速发展和使用,许多大学逐步建立了学院内部的用于研究成果的个人典藏数据库(即资料由作者或其代理存入)。这一举措使得出版物在机构内部可被自由使用,但在遵守 OAI(开放档案计划)协议和承认外部访问的前提下,可以将资料公布给全球的研究组织,因此,也就提高了出版物的社会影响力。这些典藏可能藏有各种不同的文件形式:电子预印本、数据、会议论文、研究草稿以及其他灰色文献,此外还有动态影像及其他资源。

机构典藏有可能对外开放,也有可能不对外开放,有些部分仅限少数群体使用。英国大多数大型大学都建有机构典藏。

其他数据库

有些数据库仅为单门学科建立,比如 arXiv 物理数据库或 RePEC(经济学研究论文)[8]。

对于科学家和工程师们来说,美国国内一大预印资料库是电子预印网络(E-print Network)[9],它为学者们提供了查找各学科电子预印资料的途径。

大多数数据库可以使用主要的检索引擎查询。其他有用资源包括 OpenDOAR(开放存取典藏指南)[10]、ROAR(开放存取典藏登记处)[11]及 OAIster[12]。

开放档案计划

OAI(开放档案计划)[13]受到了致力于促进学术资料传播的人们(包括资料的使用者、提供者以及代理人/中间人)的支持。它所关注的是技术框架和使技术框架得以搭建的协议,而非资料的内容或有关学术交流的经济问题。OAI 促进了资料的共享,也促进了国际化机构典藏网络的发展。

OAI 拥有快捷且容易操作的电子预印资料库以方便用户访问,并且任何人都可以使用(Simpson 2002)。目前,遵守 OAI 协议的数据库遍布全球,总量已经过百。其中主要的数据库有:

- arXiv（如上所述）
- BioMed 中心[14]
- 开放式期刊目录开放存取期刊指南(DOAJ)[15]
- 公共科学图书馆(PloS)[16]
- PubMed[17]、PubMed 中心[18]和英国 PMC[19]

BioMed 中心

BioMed 中心提供了免费访问专家审核过的生物化学研究文献的途径。这个建于英国的出版中心鼓励新的开放存取期刊的创立,同时也为研究小组提供出版服务。

开放存取期刊指南(DOAJ)

DOAJ 由朗德(Lund)大学图书馆建立。它存有大量期刊资料,包括资料列表以及访问到开放存取期刊指南(DOAJ)全文的链接。成百上千的期刊保存在该数据库中,其储存量还在不断增长,涉及科学、人类科学以及人文学科等方面。DOAJ 所藏论文或是已经通过专家审核,或已经编辑之手,质量有所保证。DOAJ 对开放存取期刊的定义是:该刊物采用资助模式,不会向来访的读者或研究机构收费(DOAJ 2007)。

科学公共图书馆(PLoS)

PLoS 是非营利性的机构,它致力于开放存取科学和医药文献。其目标包括提供"可以无限制地取阅最新的科学研究成果"以及"使得免费检索到每一份已经发表的文章成为可能,以此来推动研究、医药试验的互通有无和教育"(PLoS 2007)。用户可以在目的合法的前提下使用资料,包括下载、散播以及链接到全文。而作者有权维护其著作的完整,并有权被准确地致谢与引用。

用户可以免费获取到 PLoS 上发行的期刊(第一期生物学刊发表于 2003 年 10 月,医学刊物则发表于 2004 年中期)。PLoS 计划公布更多的论文标题,所有论文都将是受到过审核的,并均可免费获取,但作者(或其所属机构)需要为弥补印刷消耗而支付费用。

PubMed、PubMed 中心和英国 PMC

PubMed 保存有生物医学领域的文献引文,还包括其中大部分论文的全文链接。PubMed 中心(PMC)储存了美国国家医学图书馆所藏的生命科学期刊的全文。目前,PMC 正在实施一项将过刊数字化处理,并添加到现有档案中的计划。英国 PMC(英国 PubMed 中心)是 PMC 的英国镜像网站,也提供了使用 UKMSS(英国投稿系统)投稿存放该资料库的方法。

永久标识符

电子出版物有个好处,即任何引文都能直接链接到作品提及的(电子)全文。但是,容纳链接可能会对作者和读者都造成麻烦。一个问题在于互联网瞬息万变——网址一变,链接就会断开,或者成了多余的,读者不再能找到或访问作者提到的文献了。

这个问题可以通过使用句柄、PURL(永久网址)和 DOI(数字对象标识符)等永久标识符及方案来解决。假如这种标识符有用,就在引用在线引文时使用。

获取其他资料来源

灰色文献

大英图书馆

大英图书馆[20]藏有英国的报告、博士论文和会议出版物,可以用综合目录检索。

灰色资源

灰色资源[21]是提供灰色文献出处的在线资源,按宽泛的主题词排列。

学位论文

通常情况下,博士论文会提供给任何想要阅读该论文的人(当然取阅某些内容敏感的论文是受限的)。一些机密文件需要获得著者或他人的特别许可才可能获得。在英国,原机构未做保留的博士论文可以通过"大英图书馆论文服务"[22]查阅到,用户会得到论文缩微版本。如果大英图书馆未藏有该论文的全文,读者可能需要等待图书馆从原机构调来原文并制成缩微胶卷。不过,一个新的在线英国论文服务会在不久的将来取代现有服务。从海外获取原文的全文可能会比较麻烦,至少费时较多。

学位电子论文(ETD)

在英国,数量不断膨胀的高等教育机构一直在为读者提供本机构论文全文电子版本的获取途径,尽管在这方面英国的发展滞后于美国和澳大利亚。随着越来越多的机构典藏创建并充实,更多的论文可以免费网上获取,新的全国性服务 EthOS 会使英国的论文更易于获取。

学位论文网络电子图书馆(NDLTD)[23]

该资料库拥有的成员主要分布在美国,但加拿大、英国和其他国家也有若干成员。资料信息由各成员机构提供或由作者投稿,并统一制作成 ETDs 联合目录。

澳大利亚数字论文(ADT)

澳大利亚数字论文项目[24]是由澳大利亚大学认定的数字化研究生论文在线合集。它包括研究论文(博士和硕士研究论文)条目、完整的目录信息、摘要以及读取全文的链接。其成员机构是澳大利亚全部大学。有资格收藏入库的论文是由成员机构批准的。

官方出版物

官方出版物包括政府会议报告一类的文件。BOPCRIS 数据库提供了访问 1688 年至 1995 年这一类型文件(数量有限)的全文链接。更多文件被作为十八世纪国会文件数字化部分补充进来。十九世纪英国下议院议会文件数据库(HCPP)是许多高等教育机构会订阅的在线资料集。

OPSI(公营资料办公室)[以及 HMSO(皇家出版局)]"为公众、信息产业、政府和更多公共部门提供了有关查找、使用、分享及交换资料的大量服务"(OPSI 2007),并提供了在线访问英国立法网、IAR(信息资产登记系统)、敕令书、伦敦、爱丁堡、贝尔法斯特的公报(获取全文需申请订阅服务)的服务。

英国国家档案馆(TNA)服务提供了对数字化国家档案的访问。检索是免费的,找到引文后,可以通过访问 TNA 查看许多资料,或付费寄给研究者,但并非所有的图像下载免费。

数据集(Datasets)

许多数据集要求用户在获取批准后才能使用数据,尤其是地图和空间数据。其他数据集,比如英国数据档案(UKDA[25])为英国高等教育所有用户提供了免费取阅社会科学和人文学科领域的数字数据的途径。该数据集还设有其他数据服务,"Qualidata"(社会科学定性分析数据集)。

英国国家统计局提供了免费在线获取下列资料的途径:大量的经济与社会经济学的时间数列数据集(time series dataset),统计数据以及国家统计局的出版物。

国家地球物理数据中心[26]为用户提供了地理学、冰河学、地质学、地球物理学等学科的全球数据中心的链接。用户需要具有一定的专业知识来鉴别保存在可用格式里的数据的正误。

会议文献

会议记录和预印文件常常由主办会议的组织或学术团体出版发布。读者通常可以向主办方付费来获得这些资料。许多会议的记录文件都能在互联网上找到,从免费到收费情况不等。此类资料渐渐可以通过机构典藏获取,大英图书馆提供了对其会议资料集[27]中馆藏会议出版物的访问。

标准和专利权

多数大型图书馆都对读者设立了使用标准和权限,借阅印刷品或在线阅读都需依照这些标准和权限。所立相应条目的情况(无论是现行的还是已经废除的)可以在线查看到。

音像资料

机构可能会订购类似 Edina 主办的教育图片库和教育传媒在线[28]等网站发行的图片合辑。其他服务项目包括大英图书馆的国家声音档案馆[29]。但这些资料并不一定是以数字格式保存起来的。

档案

要找到有关当地历史、议会、系谱或者计划、记录等档案资料得花一点儿功夫。因为能得到的唯一的资料可能就是原版本。一旦找到该原版本,用户也许需要专程去获取。

公 司 信 息

要从企业获取详细资料,要获得报告或者商业营销信息是比较困难的。大多数此类信息或涉及商业敏感问题,或不属于公共知识的范围。图书馆中可能藏有的营销信息资料包括 Mintel 出版的书籍,或者公司报告数据等。商业信息资料通常索价不菲。商业图书馆会提供大量的公司与商业信息,但用户访问此类图书馆前应核对是否有权获取这些信息。

要点

- 留出足够的时间来找到访问本地图书馆找不到的资料的途径
- 尽可能访问本单位的资料,包括互访互借系统
- 核对开放存取的有效性

清单

1 核对过哪些资料易于在本单位获取吗?
2 能用规范的开放存取库在互联网上免费访问所需资料吗?
3 需要用其他资源获取所需信息吗?
4 要使用馆际互借或其他文档供应服务订阅资料吗?

11 资料评估

评估的重要性

对问题的分析和对所需资料的界定为资料评估奠定了基础。在研究过程中,研究者看到的资料比他们实际会用到的要多得多,他们对搜集到的所有资料进行挑选和删除,将与项目有关联的内容保留下来。在挑选的过程中,评估占有主导地位。任何选中的资料都应当是与研究工作有关的;任何与之无关者应当去除。

"该资料与研究项目相关吗?"遇到每一项资料时都必须考虑到这个问题。有些资料很明显是无关的,而另一些则不易断定。

研究工作进程中,发现、查找和获取著作的整个过程都需要对资料进行评估。所有类型的资料,无论其篇幅、形式,无论是引文、摘要、全文、照片、数据列表还是政府报告都必须考查它们与研究工作是否有关。

学术界使用专家评审的评估方法,这种方法广受好评,即文章或其他资料在出版前由专业评委详加审阅。这个过程往往采用盲审或评委对作者匿名的形式进行。有些学科或团体使用公开评审的做法，资料向他人广泛公开，让大家发表意见。研究者应不惮其烦地弄清楚他们希望使用的资料是否经过专家评审。值得注意的是，开放存取期刊的文章往往经历了和封闭存取期刊文章同样挑剔的专家评审过程。

实用的参考意见

引文或书目提要

评估引文和书目提要是否与研究工作有关比较难以评估，因为其中包含的信息量太少。鉴定某些该类著作时还需要参考别的信息。这即是指，要通过获取出版商的信息或者著作的全文来帮助鉴定著作是否可取。

摘要和概述

评估摘要和概述的适用性和相关性比较容易。它们简短易读，假如著者写得不错的话，还能从言简意赅的篇幅中找到关键词。

全文

研究者可能既无时间也无兴致阅读所看到的每篇著作，比如书籍和文章的全文。因此他们可以有四种选择：

- 阅读任何给定的摘要或概述。假如是书的话，就阅读书的导言部分，或封底上的信息，或出版商提供的其他信息
- 阅读所有内容的标题或目录
- 快速浏览全文。该技巧需要练习才可以充分使用
- 仔细查看著作中的图表或目录，因为它们以简要易懂的形式提供了大量的信息

处理大多数著作时，评估工作分两步进行。如果选定了要使用某个著作，即便仅仅只是一则引文，研究者也必须在阅读著

作全文时牢记评估的标准。

评估的标准

正如对网站进行评估一样(参阅第 9 章),打算评估一项资料时也应当考虑到以下几则标准:

- 出处:著者;著作权威;声誉;出版者
- 内容:水平;信息构成;准确度;综合性;时效性;偏见;实质性;独特性;有效性;预期读者;书写和语言;体系架构
- 与主题的关系:该著作的重要性;与其他资料相比较
- 获取与使用:可用性;可否获得;时间标度;许可;格式

表 11.1 罗列了评估著作时需要考虑到的问题。研究者应当在严格审查著作时,考虑到以下有意义的问题。对这些问题的回答将帮助研究者对相关性很快地做出鉴定。粗体字标出的内容是初步的快速测试问题,可以帮助研究者快速核对某个资料是否应该剔除。

表 11.1 资料评估:考虑的要点

出处		
著者		**著者是谁?**
		著者的资历、声望和信用如何?
		著者是否与某一公认的组织或机构有任何关系?
		著者在其研究领域内是人们公认的专家吗?
		是否有其他专家引用过该著者的著作?
		假如没有署名的著者,该著作最初的出处是哪里?
著作权威		**该著作是否已经被专家审核、鉴定或编辑过?**
		该著作是否得到过什么赞助?或受到某一公认的权威的肯定?(可能出现在前言里)

续表

出版者	该著作使用的所有参考书目是否来路正当？ 内容的细节部分是否来源可靠？ 该出版者是公认的学术著作出版商吗？或是其他公认的出版机构？ 假如不是,出版者的信誉如何？
内容	
准确度	可以从哪儿检查内容的准确度？包括拼写、图表和排版。
偏见	出版的原因是什么？比如,拓展知识还是出于商业的目的？ 有没有明显的或微妙的倾向：政治的、商业的或其他？ 有没有明显的商业赞助的痕迹？
比较	该著作是否与其他资料有重合之处？ 如果是的话,孰去孰留？ 著者重复使用了他人的著作了吗？ 该著作中包含的研究方法和设计是否与研究者用过的方法和设计相似？
信息构成	有描述内容的索引词、描述符、关键词或标题吗？ 该著作是第一手的还是第二手的？
综合性	是否有任何论题或因素被忽略了？ 该著作达到了它声明的目的了吗？ 内容与摘要或目录相符吗？ 内容与著者的声明或摘要相符吗？ 内容充实或太贫乏吗？ 内容覆盖面太广泛还是太狭窄？ 研究的论题是材料中主要的论题还是外围性的问题？
时效性	出版日期是什么时间？ 从著者构思到书籍出版有一段间隔时间,那么著作是否还有用？ 如果内容是历史方面的,它是否还实用？
预期读者	该著作是面向谁写的？ 水平太简单或太高深？

续表

体系架构	章节的划分对读者有用吗？
	每个标题都起到作用了吗？
	图表或图解有助于理解吗？
	图表、图解、表格与相关文字是否靠近排放，避免了翻页时的突兀？
	标题有意义吗？是否反映了其内容？
	该著作是否包含了额外的信息，比如深入阅读或其他相关资料的信息？
编码和标题对读者是否有用？	版面设计和排版是否清晰简洁，方便读者阅读？
	每一节的长度是否合适，便于读者阅读？
	索引是否详尽？
实质	内容的语气是什么样的？
	它是严肃庄重的吗？
	它是有意义的吗？
独特性	可以从别处找到同样的信息吗？
	该著作是否包含了开创性的研究或原创的成果？
	该著作是独特的第一手的资料吗？
有效性	**该著作是否建立在良好的研究基础上？**
	是否包括了参考文献和书目提要？
	引文出处可靠吗？
	是否有可靠的根据来支持调查结果或任何声明？
	所有使用的数据的来源都可靠吗？
使用的语言	所有的解释都清楚吗？
	句子结构是否复杂或冗长？
	写作的风格如何：学术的还是非正式的？
	文字的语法正确吗？
	所有的技术术语、首字母缩略词或其他不常见的术语都有解释吗？
与主题的关系	
比较	内容是否支持或反对另一个该领域的专家？
出版	如果是一篇文章的话，所在刊物对其影响力的评价是什么？
意义	**该著作在其领域中算得上是有意义的著作吗？**
	是否有权威的专家提到过这部著作？
获取与使用	
获取	完整的著作存在吗？如果存在，在哪里？

续表

可用性	**研究者可以获得内容吗？** 如果是,能够在允许的时间范围内获得吗？
格式	该著作的格式是否能为研究者接受？
	是否清楚它的格式是什么？（书目提要或描述性的细节？）
	该资料是否有多种格式？
	该著作首先在哪个国家发表？
	全文使用的语言是什么？（这可能不同于书目提要使用的语言）
	假如语言与研究者使用的不一样,是否能找到译本？
	原著发表的国家对内容（比如,思想倾向）有无影响？
许可	**是否需要特殊的许可才能获得或使用该著作？**
	著作权与其他许可能否及时获得？
	是否清楚应该联系谁来获得许可？
全局判断	
当划定研究范围时,所有的资料是否符合设定的评估标准？	

要点

- 每个资料要用"该资料与研究项目有关吗"这个问题来检验
- 评估可以采取一系列相关联问题的形式

清单

1 你对所搜集的或想要搜集的满足出处、内容、主题等方面标准的资料满意吗？

2 你能访问并有权使用所找到的资料吗？

12　引用参考文献

术　语

以下几个词经常容易搞混，有时候可以替换使用：

- 引文：为支持某一论点，对一个段落、一本书或一个作者论述的引用，以及从中得到的启示。引文出现在正文中，所有引文应该收入参考文献列表。
- 参考文献：正文中所引用过（或查阅过）的资料列表。
- 参考书目：可能引用过也可能未引用过的资料及其他相关或有意义的资料列表，或者是一个特定作者或关于一个指定主题的资料列表。参考书目可以是包含某个特定作者或某个主题之类一系列著作的单本出版物。
- 深入阅读：读者可能感兴趣的附加资料。替代参考书目使用，但不同于参考书目。
- 脚注：某一页参考了某些内容，在该页底部所给出的注释。通常用数字或字母标出。
- 尾注：某一章节或某段文本参考了某些内容，在该章节或文本的末尾所给出的注释。通常用数字或字母标出。

出版物的参考文献可以用于：

1. 引文检索和查找其他感兴趣的文献
2. 在自己的著作中引用其他作者的相关论述/出版物

不能忘记对文中引用过的每一著作给出引文。撰写参考文献时需要注意以下几点：

- 存在许多不同的参考文献体例（见下文）
- 应当为写作目标团体或个人（如出版者或学术机构）选择他们最喜欢的体例
- 所包含的信息都有固定格式
- 前后一致极为重要
- 应当确保所有的标点符号和字体都正确
- 使用书目软件有助于保证前后一致和正确无误（见第 13 章）

引用参考文献的目的

任何著作如博士论文、报告或各类文章，如果是在已有知识的基础上形成新论点，展开批判性讨论，或比较各种观点，那就很有可能受到他人著作的影响。有些著作需要进行文献综述，目的在于：

- 表明对主题的认识及理解
- 表明了解对主题发展起过作用的或对主题做过有益评论的著作和作者
- 为其他人提供论文或主题的框架

其他种类的著作基本上可以作为阐述知识的主要工具,或者是主题的摘要。

无论如何,研究者须对文中所引他人的著作或思想给予充分承认：

① 以使读者确信这一著作是以其他应受尊敬的著作为基础或是受其影响
② 以使读者能够深入查阅任何感兴趣的参考文献
③ 将他人著作作为阐述自己结论的证据
④ 以避免一些没有事实根据的主张
⑤ 以向他人著作致谢
⑥ 以避免剽窃行为(见第 14 章)

引文和参考文献的体例

使用体例主要考虑的是保持一致性。一旦已经选定了一种体例,作者就应当一直坚持使用。作者应当注意引用的准确性,包括其所含信息及其具体形式。

如果是为出版社、会议论文或者其他项目参与撰写学位课程论文,作者应当考察是否有既定的指导方针,并严格遵从。

正文中的引用

正文中的引用可能是对某一作者的顺带参考或直接征引,读者可能会特别关注作者或其思想(Sharp et al.,2002:202)。

- 关注作者：弗莱明(Fleming)(1928)证实……
- 关注思想：因为霉菌的存在,葡萄球菌无法生长(弗莱明 1928)

参考文献的要素

为使信息精确、完整,参考文献应当包括一些固定要素(BSI 1989:3)。根据所引著作或文献的格式,这些要素会有变化,但普遍可以表示为以下几方面：

- 创作者：作者、画家、作曲家、编者、发明者、官方团体或组织
- 出版或创作日期
- 每个文献的标题：书、文章、网页等
- 出版地
- 出版者/所有者
- 格式（在有需要之时）
- 新版本或替代信息：版本号、修订版本，访问日期（如果是网页的话）
- 标志或编号：卷号或期号；丛书中的编号；URL（互联网地址）；页码
- 著作或该文献所属丛书的标题：期刊名称、书名或地图丛书的名称

根据被引文献的情况，其他要素也可以包括在内，比如地图的比例尺、计算机程序所用的语言、外语或译本的详细资料。

怎样获取所含信息

参考文献中所含信息应该直接从文献中获取，例如，书名页的反面或外包装上面。其他资源可能包括出版者材料或其他目录。如果给出的信息有任何不一致（如封面与标题页），就应该采用最突出的（除非明显有误）。

体　　例

引用体例有很多种，最常见的两种是哈佛体例和数字体例（或温哥华体例）。在作者所关心的范围内，使用哈佛体例的主要优点在于修改文本时较易管理，因为参考文献的列表次序不会变化（这是按字母顺序的，而非出现在正文中的顺序）。也有人更喜欢数字体例，因为在文本中更少受干扰。

即使是在固定的体例里,也会有一些变化,比如用粗体、斜体或下划线来突出显示一个要素,或用大写来区别,或使用严格的标点符号。作者应将体例所示如何引用参考文献的信息视为指南,并根据确切细节来决定使用什么样的体例。不过,有些出版者或组织有很精确的体例要求,作者在提交稿件之前应查阅给定的引文体例指南。

"英国标准 5605:1990"就如何运用征引原则提供了指南(BSI 1990)。

哈佛体例

哈佛引文体例用于文本中的引文。引文应当包括被征引或参考的作者的姓氏,和被引用的出版物的年份。例如:

● (拉姆齐 2007)

如果作者的名字出现在正文里,那么年份就在括号里给出。例如:

● 拉姆齐(2007)建议……

在选定体例的基础上,也可以把页码包括进去。比如:

● 拉姆齐(2007, pp. 11—13)

同一作者同一年份的参考文献,应当添加额外的字母如 a,b 等。例如,拉姆齐(1999a)和拉姆齐(1999b)。这些字母在参考文献列表里也应当包括进去。

参考文献接着以首选体例按作者字母顺序列在文后。例如,本书第一版的参考文献可以表述如下:

拉姆齐,萨.(2004),《如何查找文献:研究者指南》,梅

登黑德(Maidenhead):开放大学出版社或用另一种体例:

拉姆齐,萨莉.《如何查找文献:研究者指南》,梅登黑德(Maidenhead):开放大学出版社,2004

学科或学术团体不同,体例也会不一样。有些常用体例被IEEE、APA和MLA(现代语言学会)采纳。

数字体例或温哥华体例

数字体例给每一引文按序分配一个数字。这样,读者在文献中遇到的第一个引文就是1号,第二个引文就是2号,依此类推。这一体例正是根据引文出现的顺序创建参考文献列表的。某一引文如果再次或多次使用,那么还用它最早的编号。正文中引文的编号可以出现在括号中,或以上标形式给出,例如:

- Freud 弗洛伊德(Freud)[23]所形成的思想学派是……
- 弗洛伊德[23]所形成的思想学派是……

在参考文献列表中,作者的名字应该按照"名前姓后"的顺序列出,而非"姓前名后",因为读者会使用所给编号而不是名字来查找参考文献。

脚注和尾注

一般较不常用的方法是把参考文献合并为脚注。法律界往往采用这一方法,而且还经常把文中所引案例收集到一起,在末尾给出列表。使用脚注会扰乱正文的流畅性,这一点较有争议。脚注出现在引用所在的页面底部。

电子资料和其他格式

与书籍或期刊文章不同的文献是很难列入参考文献的,特别是政府出版物和电子资料,比如网站。通常每种固定体例都会为引用这些领域的资料提供参考文献列表指南,但这经常解答不了某些问题,比如确定网站作者。如IFLA(国际图书馆协会和机构联合会,简称国际图联)所列(IFLA 2005)存有许多引用电子资料的模式。

《引用参考文献:用户指南》(Fisher and Hanstock 2003)给出了如下以哈佛格式引用网站的模式:

作者或编者,年份。题名[联机]。出版地:出版者。可用地址:〈网址〉[访问日期]。

作者可以等同于出版者,可以是一个大型组织。但不要被作者或出版者(网站知识内容创建者)与网站管理员(网站技术维护者)之间的关系搞糊涂了,这一点很重要。如果页码在资源中没有给出,那就不能包括在参考文献中——当然,如果文中包括段落和章节编号的话,也可以作为备选方案。

资源的网址(URL)应当包括进来,还有访问日期,以及为使读者找到这一文献而给出的充分细节(以说明它仍旧存在)。对任何有疑问的文献,作者应当保持统一格式,并查阅适当的指导方针,如费歇尔(Fisher)和汉斯托克(Hanstock)提供的指南,以及其他合适的指南或一个相关职业团体的方针。

复 杂 问 题

引用与参考资源的基本原则就是合乎逻辑、明白易懂。它纯粹是以特定形式按正确次序使用正确资料的问题。但是,许多资源显示作者时会在如何引用上带来问题。上述电子资源就是这样的例子。

常出的问题有

- 难以查明某个资料的确切情况
- 使用其他出处的参考文献,其中所引用的著作没有读过或未获取——只读过引文
- 使用其他格式的材料,如地图、电影和官方文件,以及非标准材料

作者应当尽力找到某个资料的确切情况。这可能要使用其

他图书馆目录或出版社目录之类的资源来进行查验。使用方括号可以用来表示由引用为说明而添加的该参考文献或资料的人所提供的信息。《英国标准1629:1989》(BSI 1629:1989)为此类难题提供了有用的条目。

利用指导方针(包括本章提及的那些)有助于解决其他难题。研究生导师、图书馆员或其他资料专家也能提供帮助。

名称缩略语

在参考文献中,经常用到期刊或其他出版物名称的公认缩略语。这些缩略语只能用在被出版物认可的情况下,作者应当注意他们是否使用了正确的缩略语,由于一些出版物使用同样的字母或相似的缩略语,所以很容易搞混。例如JCB可以用于如下出版物:

- 商业银行信贷杂志(Journal of Commercial Bank Lending)
- 当代商务杂志(Journal of Contemporary Business)
- 创新行为杂志(Journal of Creative Behavior)
- 布鲁塞尔商业法学(Jurisprudence Commerciale de Bruxelles)
- 堪萨斯州司法公报(Kansas Judicial Council Bulletin)

相似的缩略语:

- Ann Biol   生物学年鉴(Annales Biologiques)
- Ann Biol An   生物动物学、生物化学、生物物理学年鉴(Annales de Biologie Animale, Biochimie, et Biophysique)
- Ann Biol Cl   生物诊所年鉴(Annales de Biologie Clinique)(巴黎)
- Ann Biol (Copen-

hagen) 生物学年鉴(Annales Biologiques)
(哥本哈根)

(摘自《期刊名称缩略语词典》,Alkire 2006)

像《期刊名称缩略语词典》这样的出版物,可以用来查找公认的缩略语(Alkire 2006)。

法学杂志和法律报告中,使用了大量的缩略语。有的出版物专门收集合法缩略语目录,包括雷斯特里克的著作(Raistrick 1993)与卡迪夫大学法律图书馆联机数据库(Information Services, Cardiff University, 2004)。

其他缩略语
以下为可能碰到的其他缩略语:

- Ibid.(它本身是 ibidem 的缩写,有时候进一步缩写为 ib.)意思是(如它前面刚刚引过的)"同书或同篇"。经常容易与 op. cit.("前面已引用的书")相混淆(见下文)。
- Op. cit.(opere citato)意思是"前面已引的著作",让读者参考前面的某一个引文。因而在引文中就必须包括作者的名字。
- Et al.(et allii:以及其他人)在一个文献有三个或更多的作者或创作者时使用。

要点

- 始终查阅文中引用的著作,无论是直接引用的还是顺带提及的
- 参考文献体例保持一致
- 根据情况选择正确的体例
- 确保参考文献的内容与排版准确

清单

1 使用的参考文献是何体例？为什么？
2 查阅过所引用的每部著作了吗？
3 收录进一批实际上未引用但读者更感兴趣的著作了吗？
4 引用的所有参考文献细节完备吗？
5 参考文献一致吗？自始至终使用正确的字体和标点吗？
6 识别有助于查询参考文献的出处（图书馆员、学术著作、参考著作等）了吗？
7 使用书目软件（见第 13 章）了吗？

13　保存记录

高效的检索和有序的记录

前面几章已经提出有组织的准备和查找资料的必要性。有序的记录与加工，让资料管理与使用成为一个简明直接、毫不费力的过程。有些情况下会发生记录不全或其他问题，但是如果研究者能从按逻辑建构的、可操控的基础入手，整体处理会省时间，还能避免耗费精力或遭受挫折。

资料存储与记录保存的复杂性与方法，很大程度上依赖于项目的大小。为一个小工作而花时间（可能还有资金）装配复杂的书目软件系统很不值得。而为一个大型项目比如博士论文，这样的努力就是值得的了，特别是在工作刚刚启动之时。

保留检索记录

准备过检索策略（参阅第 6 章）的研究者会为打算启动的检索留下一些记录。这些检索的结果和后续的策略只能在检索成功的情况下产生，否则将会与原计划有所不同：

13 保存记录

- 有些检索可能产生了太少或者太多的结果
- 可能发现可供选择项,促使研究者进行额外的检索
- 研究者可能获得额外的资料,例如,如果图书馆订阅了一个新数据库

为确保研究者不用浪费时间重新进行已执行过的检索,或者能够核对和重新进行以前执行过的检索以收集更新,检索记录都应当保留下来。

有许多办法可以做到这一点,包括书面和电子的解决方案。有些人喜欢在笔记本或其他安全之处简略记下已完成的检索及其结果。还有人可能更倾向于用电子方案,比如文字处理文档、电子数据表或数据库。电子方案的优势是可以将记录分类,以便参考,如果需要(也许是作为评估任务的一部分),结果还可以打印出来。不管格式如何,记录信息都应包含以下内容:

- 检索词
- 来源(比如所用数据库或索引的名称)
- 进行检索(或编辑)的日期
- 结果数
- 结果相关度
- 为将来检索而做的备注
- 为了方便,记下每一次检索的序号(如果使用数据库,这一点应该是基本的)

例如,一个研究"感知与发育中的儿童"这一主题领域的研究者,他所做的检索日志的记载条目应该包括如表13.1中所列的内容。

将检索历史记录(见下)打印出来就基本足够了,但是还应该再加上额外的信息如检索日期。

保存检索及检索历史记录

在检索数据库时所创建的检索历史记录,可以打印出来作为参考。如第 5 章所述,一些联机数据库允许用户保存其检索及检索历史记录,以便在将来的一段时间里作为后期参考或进行编辑。

保存已获取的文献的记录和细节

保存个人记录对以下工作来说至关重要:

- 创建一个完整的参考文献列表,以便引用参考文献
- 追查参考文献
- 创建一个特定主题的参考文献数据库,以便将来使用

许多联机数据库允许用户保存、打印或下载记录(见第 5 章)。

不管任务如何,研究者都应保存已获取的完整、精确的文献记录和书目记录。草率涂写的征引或不包含文献细节的影印页,一般来说事后无法追查。另一个可能的疏忽是只记录下了书中某一篇的作者及篇名,但是没能保存下编者和本身书名的记录。

当工作趋近尾声、最后期限迫近时,研究者意识到他们没有完整的细节来制作参考文献列表,这样的事屡见不鲜。他们变得惊慌失措,只好祈祷好运降临,或者希望通过电子检索把有问题的文献补充完整。如果参考文献无法追查,那么他们不得不删掉这一文献。

13 保存记录

表 13.1 检索记录示例

序号	检索词	来源	日期	限制条件	结果数	相关度	备注
1	（幼儿或儿童*或刚学步的幼儿或婴孩）AND（感知或感觉）	Web of Knowledge	15.6.04	L=英语 J	5471	混杂	需提炼。"感知"一词的意思
2	（听力或听觉）AND（感知或感觉）	Web of Knowledge	15.6.04	L=英语 J	281	高	
3	（幼儿或儿童*或刚学步的幼儿或婴孩）AND（感知或感觉）	PsycINFO	20.6.04	D=从1990年开始 L=英语 J	386	混杂	需提炼。"感知"一词的意思
4	（听力或听觉）AND（感知或感觉）	PsycINFO	20.6.04	D=从1990年开始 L=英语 J	18	高	一些语言上的参考
5	听力感知	ZETOC	19.1.04	无	18	高	
6	作者名字：Hollier M P	Ingenta	19.1.04	无	5	高	

限制条件：
D=出版日期
L=语言
J=期刊文章

书 目 软 件

书目软件(或参考文献管理软件)为用户保存、管理和使用参考文献而设计。市场上有许多商业系统,很多学术性商业机构会为其成员提供一个或多个软件包使用。还有一些开放资源产品在研发。

这种软件提供以下功能:

- 允许用户直接从(比如 Web of Knowledge)书目数据库将参考文献下载到本地数据库。注意,应该细心查证输出的参考文献,确保它们准确一致
- 进行数据操作,将参考文献格式化为正确的书目体例(比如哈佛体例或某个特定期刊、出版社的体例)
- 将文中的引文和末尾的参考文献自动链接到一起
- 使创建和格式化参考文献列表变得轻而易举
- 提供一个建造个人参考文献图书馆的方法

按个人喜好设置软件需要时间和技巧。因此,如果项目经费有保障,或是用户打算在项目以外继续建造个人图书馆,那么才推荐用这种软件。一旦软件已经设置好,就可以直接运行,能省下很多时间和工夫。用这种方法创建参考文献列表,也消除了格式上的错误,比如在重录文本的时候会有不当的标点符号或排版错误(当然前提是格式已经调整正确,原文没有错误)。这也是保存所收藏的大量参考文献的一个快捷方法。

由于那些联机书目数据库一般可以设置为将参考文献导入到书目软件中,添加参考文献的过程就变得快捷直接了。对于有些软件需要设置过滤,这会是一个比较复杂的问题,用户应当仔细阅读产品说明书。许多学术图书馆为学生提供了如何使用书目软件的培训。然而,并非所有的联机书目数据库都设计成使用户能够直接将参考文献下载到书目软件包里。可能有一个

选项，以文本文件保存结果，然后可以导入到书目数据库。导入的参考文献可能需要进行一些编辑。

一些软件包可以在PDA（个人数字助理，即掌上电脑）上使用（当然，也可以在笔记本电脑上使用），研究者在网上漫游时可能会发现这很有用。在漫游时可以添加参考文献，即使是手动的，也使更精确、最新的收集成为可能。

使用书目软件

使用这种书目软件意味着假如你在一个文档中使用一种参考文献体例，可以在撰写另一篇文档时轻松改变同一参考文献的体例，相当省时省力。参考文献可以手工添加，也可以从某些书目数据库或目录（见上文）下载。和所有软件一样，书目软件实际上只需输入资料。因此重要的是资料输入正确，尤其是手工输入。有必要确保以正确的格式输入资料，如输入的作者名字等要素次序准确，标点和空格无误，否则就无法正确检索。核对你所用软件的使用说明。列入标题、复姓和单位名称时要特别小心是否排列准确。

用户可以创建独立的参考文献组（有时称为"库"）。为便于使用，有必要为存贮的参考文献添加个性化关键词（如表示特定主题的所有参考文献）。书目软件包通常包含许多预设参考文献体例，如用于特定期刊的体例或知名协会使用的体例。它也能创建其他体例。通过修改某个与所需体例最相似的预设体例就可以非常轻松地完成。

使用软件里的文内引用功能的意思是，当引文插入文中时，会自动按选定体例创建参考文献列表。还可以将参考文献创建为脚注，而非单独的列表。

保存记录或书目细节的其他方法

以下给出了管理参考文献的其他选择方案。以正确的标点录入参考文献，所需要的时间会相当多，而且总是有可能出错。编辑参考文献列表也很费时间，文中对引文的任何改变都必须手动处理。

社交网络服务

有许多免费的网络服务能使用户保存其资料库的记录。一个针对学术团体的网络服务叫 Citeulike[1]。该服务有个使用书签的简便功能,可以使用户追踪感兴趣的文章和论文。另一个例子是 Connotea,用户(它针对的是临床医生和科学家)可以通过"保存网页到参考文献"来存储参考文献(Connotea 2007)。资料的书目详情由 PubMed 之类的网站抓取,用户可以添加个人标签,可以和其他人分享其参考文献。个人图书馆可以共享,用户还能为资料加上标签。LibraryThing[2] 是个人在线图书目录,它可以与其他用户共享。还有别的免费通用书签管理网络服务。

此类服务用途广泛,设置简便,而且免费,但本身未得到正式支持。

文字处理软件包

使用上述以文本文件保存参考文献的方法,可以把参考文献添加到一个字处理文件中。参考文献可能需要进行编辑,以创建正确的体例。在管理所存信息时,用户应当用心。选择方案包括:为每个新的参考文献库创建一个新文本文档,或者保留一个包含所有参考文献的主文档,这可以使用所用软件通常的搜索/查找功能来进行检索。如果参考文献以表格形式保存,这种软件还会有一个功能,允许参考文献以字母或数字顺序来排序。

数据库

利用数据库软件来建造个人书目数据库是完全有可能的。这种仿现成书目参考文献管理文件的复杂性和功能依赖于用户的时间和能力。一个简单的解决方案是创建一个使用基本字段(作者、题名、日期等)的数据库,然后利用数据库的报表功能来创建书目或参考文献列表。研究者需要权衡创建个人版本所需的时间和工夫。

卡片和卷宗

利用打印或手写的卡片索引或卷宗,可以建造一个参考文献库。手写这些条目很耗时间,也不便于把详细资料剪切、粘贴到终稿。然而,这在没有固定工作地点时还是比较方便的。

要点

- 勤于留存检索记录、查到的相关记录以及获取的著作记录
- 保存检索参考文献和以后的更新
- 假如可行且工作许可的话,运用参考文献管理软件

清单

1. 如何保存检索的记录?
2. 知道所用一切资源的全部详情吗?
3. 假如有了想要查阅的著作的影印选段,知道它们所摘自著作的详情吗?
4. 假如使用摘自某章的参考文献,是否记录下收录该章的著作的详情?
5. 打算利用书目软件吗?

14　知识产权与剽窃

导　言

任何人想要用他人作品来影响自己的作品,或者希望复制文本、图像或其他创作作品,无论是印刷复制还是电子复制,知识产权就可能对他产生影响。因此研究者需要注意自身会如何受到影响,以使自己做到:① 保持在法律允许范围之内;② 即便是在无意的情况下,也不至于犯了学术上的不端行为。在这一领域内,不知情并不能作为辩护之辞。与此相对的是,研究者(或其研究机构)也有权保留其著作的所有权利。

知识产权(IP)

知识产权(IP)法的存在,是为了保护思想和创造性著作免于滥用,并且允许创造者从其发明和著作中获得回报。知识产权由四个部分组成,其中之一是版权。版权可能对研究者的影响最大。这四个部分是:

14 知识产权与剽窃

- 版权
- 专利权
- 商标
- 外观设计专利

尽管欧盟(EU)正尝试在其管辖范围内使制度标准化,但知识产权法在各国仍有不同。WIPO(世界知识产权组织)正在全球为其成员国推动知识产权保护,通过努力,这方面已达成国际条约。在英国负责知识产权的是英国知识产权局或 UK-IPO(正式名称为专利局)。近几年英国与这一领域有关的法令是1988年出台的版权、设计、专利法案,但该法令首次实施以来,已进行了多次调整。

版　权

版权保护并不一定要通过如其他知识产权一样的方法进行申请。当著作以纸质、胶片等实体形式创造出来时,它便立刻自动生效。这里受保护的是著作,而不是著作背后的思想。著作的媒介可以是实体的或是电子的——所有的大众传播媒介都受版权保护。

专利局列出了版权保护的著作类型:

- "计算机与互联网:适用于计算机与互联网也同样适用于其他媒介中的材料的版权"。包括下载、上传、数据库和计算机程序。
- 照片:"数码照片或胶片照片视同艺术作品版权加以保护。与照片版权有关的确切规定根据该照片拍摄时所在地的法律而有所不同。"
- 电视与电影:"对于电视产品和电影来说,版权可能体现在其众多组成部分,如原创剧本、乐谱等。"
- 艺术:"版权适用于油画、素描、版画、雕塑、摄影、图示、地图、建筑作品和手工艺品等原创艺术品。"

- 书面作品:"版权适用于小说、报纸文章、歌词、操作说明书等原创书面作品。这些被认为是文字作品。文字作品的版面延续到作者去世后七十年。"
- 音乐:"版权适用于音乐的录音,无论是写下来还是其他方式。一首歌往往不止一项版权与之相关。"
- 戏剧:"版权适用于芭蕾、歌剧、演出、音乐剧、童话剧等任何原创现场戏剧表演。"
- 口头语言:"演讲没有版权,除非被记录下来。"表演者"可能有表演者权利"。

以上内容引自 www.ipo.gov.uk/copy.htm 上的英国专利局版权资料。

应当注意到,版权涵盖了万维网上可用的所有著作。通常的一个误解是:因为著作经由万维网可以自由地使用,那么它也可以下载并且以使用者希望的任何方式使用。其实并不一定是这样,研究者应当小心处理那些资料,将其列入致谢和参考文献来源,必要时应先取得许可。

也许在查找与发掘资料的过程中,研究者会希望影印著作或对著作进行摘录。影印机器边通常会张贴有说明办法,详细说明什么可以复印,什么不能复印。

版权许可局(CLA)为一些团体(如学术研究机构和公共服务部门)经营授权许可业务。这些授权许可规定可以使用复制功能,这既尊重创作者和出版者的需要,又保障了使用者的需要。版权许可局的业务涵盖图书、期刊、杂志,但并不包括所有出版物。某些著作不包括在版权许可局所处理的许可之中,例如"地图"、"印刷乐谱"和"所有英国报纸",再加上某些出版社(CLA 2007)。公平交易协议中的复制功能,允许使用者在指定条件下进行额外复印,不过这可能会有变化。那些希望复印著作的人应当时时检查其计划是否遵从许可和法律。

研究者往往会十分热衷于影印,他们会复印所有也许与课题有关的任何东西,以备万一有能用上的时候。当然,这要花钱,而且复印行为并不意味着就能潜移默化地了解到资料内容。基于环境和可用时间的考虑,采取做笔记或写作大纲的方式会更有用些,这能确保研究者理解作品。必须小心保留所有参考文献资料。

图书馆可能会答复与机构典藏中的资料存放相关的版权请求。许多出版者允许著作(包括预印本和后印本)以这种方式存放。有个有用的资源是 SHERPA/Romeo[1] 网站,它总结了众多期刊出版社的现行政策,不过用户应准备好核对所考虑的出版社给出的实际政策。

版权权衡兼顾

在提供信息访问和保护创作者权益之间做出平衡,是一件很困难的事情,争议不断。相对的两方,分别是希望证明自己是该作品的创作者、传播其作品、入列研究汇编并(不一定)获取物质报酬的创作者与希望从出版中获取经济利益的出版社,以及希望可以自由地使用资料的使用者。盗版和商业滥用妨碍了这个产业的进一步发展,但是通常教育和私人用途被公认为并不越界。在什么是正当使用、什么可以在没有付款或许可的情况下使用这个问题上,想统一意见非常困难。如果在拿不准的情况下,希望使用版权资料的人应当联系该权利所有者以征求其同意。

版权法的变化

关于欧洲议会与欧洲理事会在 2001 年 5 月 22 日通过的旨在协调信息社会中的版权和有关权利某些方面的第 20001/29/EC 指令,众说纷纭。旨在协调信息社会中的版权和有关权利的某些方面。这一指令规定在 2002 年 12 月之前所有成员国都要执行,但很多国家并未执行。公平交易是新指令引发的争论之一。使用者可能注意到了一个变化,就是英国为了遵照欧盟指示,将著作保留版权的时间期限从 50 年延长到了 70 年。这引起了一些混乱,因为有一个阶段的著作已不受版权保护一段时间了,现在却再次受到了版权保护。研究者应该能找到图书馆、英国专利局[2] 关于版权的建议。

研究者应当在复制、下载和使用资料的时候,确认遵守现行版权法。

专 利 权

如果一项发明能够达到创新的标准,包括有一个创新步骤,能够进入产业应用,并且不在特定的已定义的类别之外,发明者就可以申请专利并得到承认:其发明在一个设定的时间期限内被保护,并免于在发明者没有许可的情况下被制造、使用或销售。英国的专利权只在英国国内生效。要想覆盖更大地域范围,也可以申请欧洲或国际专利权。那些致力于产业或学术研究的人,可以为其发明申请专利。适用于英国的完整详细的资料,可以从英国专利局拿到。

商 标

英国专利局把商标描述为:"让顾客将你同竞争者区分开来的任何标记或符号。"(UK-IPO 2003b)商标可以是"名字、图案、标语、域名、形状、色彩或声音"(UK-IPO 2003b),一般公众或其他人可以用它们来进行简单的识别。未经授权使用这些符号是一种违法行为,可以被起诉。

如果研究者考虑开发一个商标,他们应该寻找有关注册及其他问题的建议。从专利局可以找到这些信息。

国际专利可以在马德里协定签约国(见 WIPO[3] 网站)注册,欧共体商标信息可以从内部市场协调局网站上查到。

外观设计专利

在英国,专利局是注册外观设计专利的部门。外观设计专利涵盖"产品的外观,包括装饰、线条、轮廓、颜色、形状、质地和材料"(UK-IPO 2003c)。

研究和创作文献时的知识产权考虑

什么才是允许的？

就很多情况来说，文本的使用是以下几者的总和：引用、简短摘录、参考文献中所公认的思想。如果对材料的使用没有得到权利所有者的许可，通常要在文献上做出足够清楚的说明。如果有不清楚是否需要获得许可的地方，还是选择稳妥的做法联系权利所有者最保险。

获得许可

要获得许可会是一个很耗时间的过程，这在计划中应有所考虑。

请记得权利所有者与作者（创作者）可能是不同的，这一点很重要。图片的情况经常便是这样的。如果想使用出版物中的一部分内容或进行摘录，可以查阅致谢声明，那里应该会给出授权许可的详细资料，这样才能在第一时间联系上正确的人。

有一些文献被集体管理组织所控制。在那些理论上应该是权利所有者个人才能行使权利的地方，这些组织通过授权版权材料，替代行使权利所有者的权利。这样的组织包括 MCPS（服务于所有形式的音乐录音作品的机械版权保护协会）、PRS（服务于公共表演和音乐广播著作的表演权协会）和 CLA（版权许可局）（服务于复印的著作复制品，也就是影印）。

有时候不可能联系上所有的权利所有者，在这种情况下，有时你会看到"作者已竭力与每一位权利所有者联系，欢迎那些未能联系上的权利所有者来函沟通"或诸如此类的话。

为论文获取许可

要记住，虽然资料也许能获准收录进应对考试的论文中，但这并不必然意味着该资料就可以由论文作者从互联网上免费获取。希望获取毕业论文电子版的学生们需要考虑这一点。建议研究者在研究进展中授权版权许可,这样尽可能多的材料就可以通过互联网进行传播,收录进免费获取的在线毕业论文。这也为论文提交到在线典藏或其他系统节省了大量时间和精力。假如无法获取收录进在线版本的许可,就要去除那些资料,抑或不让终端用户获取。

研究者著作的知识产权

如上所述,版权自动附着在研究者著作的实体上。这一点可以通过给著作加上版权符号(©)标记进行强调,尽管这并不是严格必需的。

当提交文章、论文、图书手稿等的时候,作者应当仔细阅读所有权利协议。因为出版社不同,协议也不同。有些出版社允许作者保留其著作的版权,但是签字移交其他出版权利;有些则要求著作的版权也要签字移交给出版社;有些出版社则可能在一个设定的时间期限内保留任何出版权利,到期之后所有权利归还作者。有些作者喜欢保留其所有作品的权利,并授权出版社出版这些著作,"对于出版社来说,获取版权以出版并非不可或缺"(Gadd et al. 2003)。

有出版社允许作者保留其作品的版权,作者接着授权出版社出版。该许可权可以是独家,也可以不是。作者应该知晓其所有选择权以及保留出版后使用其著作的权利。版权转让协议附录模式以及作者为在其作品中保留权利使用可选措辞的其他例子可以从 SPARC[4] 之类的机构获取。作者应该联系版权专家及其他法律专家征求建议。

既然产权包括在版权法内,作者就享有某些著作人身权,著作人身权和版权不同,它必须由作者确认。表达著作人身权的声明经常出现在书名页的反面上。作者的著作人身权包括:

- 被鉴定为作者的权利
- 反对将其名字与他人著作扯上关系的权利

- 反对使其著作遭受贬损处理的权利

如果其中任何一项权利遭到侵犯，作者都可以采取合法措施。

论文的版权通常属于作者，但是对于一个供职于研究机构或有其他协议的地方的研究者来说，研究机构可能拥有版权。博士生及另外一些研究者可能会发现，他们的著作中所包含的知识产权，都归他们的研究机构所有。如果要将资料用于其研究之外的其他目的，应在采取行动以前澄清这一点。

由于数字加密和水印技术的改进与日益普及，电子资料的作者和出版者可以选择把这些特点整合到电子出版物及其他电子资源（如音频、视频资料）中。水印并不一定就能起到防止非法复制的作用，但是可以鉴定合法印本，或者可以包含一些信息，比如权利所有者的详细资料。作为法定作者的著作（以防其他人宣称这是其著作），这将会提高其安全性，并有助于防止非法复制和误用。

如果可行，研究者或其组织可以选择申请专利并且（或者）注册外观设计或商标。他们需要听取研究机构和专利局的建议，或者他们可以与第三方团体如专利代理处接洽。

知识共享与许可

知识共享组织专门为著作的正当使用提供机制保障。它催生了一系列免费获取的版权授权许可。这一组织致力于"为创作者提供既保护其著作、又鼓励使用其著作的两全其美之举" (Creative Commons 2007)。该组织的分支"国际共享"致力于美国以外的管辖权。英格兰及威尔士[5]、苏格兰[6]有各自的知识共享组织。知识共享许可的应用正在发展之中，随着更多国家的加入，它开始成为在国际层面上处理版权的一个标准化方法。

知识共享组织负责一项名为科学共享[7]的项目，研究科学领域知识共享理念的应用与状况。

剽窃

学术研究机构及其他一些机构认为剽窃是一个很严重的问题,研究者和作者应该不厌其烦地提醒自己注意,避免触犯。

什么叫剽窃?

剽窃可以定义为:"有意或无意地窃取别人的成果,将其作为自己的作品,以达到自己的利益。"(Carroll 2002)尽管这在意见上还存在很多分歧,在什么构成剽窃的问题上存在混乱,然而,对所有用到的资料进行引用确认是非常重要的。

上述定义中的一个关键词是"无意地"。这是研究者在写作和检查他们自己的著作时,必须要特别谨慎、要对可能发生的剽窃行为敏感的地方。剽窃可以包括:

- "从某一资料来源一字不差地复制一段,而没有任何引用确认"
- "复制一段资料但有少许改动——例如,替换了少数几个动词,用一个同义词替换形容词;在参考书目中有引用确认"
- "把原文中的句子通过剪切和粘贴拼成了一段,但遗漏了一两个句子或者有一两个句子顺序改变,没有加引号;在文中有引用确认,引入参考文献"

(Carroll 2003)

剽窃不但可以包括作者写的文字,还包括其思想。研究者应当小心翼翼地承认在自己的作品中使用了别人以前做过的工作(不管是字句、观点背后的思想、图表,还是著作的其他部分)。

所有资料来源都应当正确引用和参考(见第 12 章)。研究者应当保证资料来源记录没有失误,这样可以确认无剽窃行为发生,而且还可以留下资料来源的充分细节,以便放入参考文献列表中。

辅助检测剽窃材料的软件正在开发之中。使用他人材料但没有引用确认,显然在学术圈中(至少来说)是一种被人看不起的行为。而许多研究者不必提醒也知道,对他人的工作表示承认是值得提倡的礼貌行为。

帮助避免剽窃行为的提示

以下提示有助于避免剽窃行为:

- 一字不差地直接复制引用,确保不作任何改变
- 在做笔记的时候清晰地记下作者和资料来源的细节
- 熟悉文中的引用方法
- 仅引用对论点至关重要的段落
- 在开始查找资料之前,先记录下自己的观点和思想,然后用他人的成果支持或反驳这些论点
- 有选择性地引用,不要引用过多
- 转述的时候要注意材料运用得当
- 阅读完资料后,凭记忆做笔记

反剽窃软件

反剽窃软件越来越多地用于鉴定和制止剽窃。此类软件将资料进行比对并就作品的原创性生成鉴定报告。市场上有许多此类产品。

JISC 为学术机构、学者与学生提供了"剽窃咨询服务"(JISC PAS)[8],包括剽窃检测软件的使用。"剽窃咨询服务"以"窃立停"(Turnitin)软件为基础。学生在将自己的作品提交给导师前,可以先使用该软件进行查验。JISC PAS 网站的"资源"部分提供了许多关于如何避免剽窃的窍门。

惩　　罚

针对剽窃行为的惩罚取决于当时的实际状况。在情节不太

严重的情况下，可能会对剽窃者做出警告，如果是学术剽窃案，将扣减分数或没收奖学金。假如情节严重，则将施以法律制裁。

　　重要的是，要在作者进行剽窃或不经意地陷入剽窃事件之前就提醒和教育他们。

要点

- 查验与所用任何作品相关的权利
- 查验与所创作任何作品相关的权利
- 提防哪些构成了剽窃
- 熟悉有助于避免剽窃的方法
- 确认所有出处

清单

1　能确定获得许可使用其他当事人拥有版权的材料了吗？
2　在相关处向版权所有人致谢了吗？
3　打算为自己的作品使用某种知识共享或其他许可吗？如果打算使用的话，使用哪种？
4　认真阅读过版权转让协议并知道将作品递交给出版社后有何权利使用自己的作品吗？
5　想要在自己的作品中保留权利或授予出版社（假如投给某家出版社出版）独家或非独家许可权吗？
6　作品有哪些部分应该申请其他知识产权保护（如专利权、外观设计专利等）？
7　能确定没有剽窃他人作品吗？

15 研究团体与保持更新

导　言

　　研究工作可能会令人倍感寂寞：大量时间消耗在实验室或办公室里；与分散在全球各地的学者一样，要阅读、写作相当专业的论文与报告。与此相反的是，研究团体遍布世界各地，活动积极频繁，研究者通过电话、电子邮件等方式很容易就可以加入。在快节奏的现代社会，跟上最新进展并以同样设置追踪工作至关重要。许多研究者乐于和志同道合者保持联系。他人的成就会激励学者们去创建崭新的富有革新意义的研究途径。

　　就单方面而言，保持更新是指去阅读恰当刊物的最新版。然而，还有更多的事情可以做，一个活跃的研究者会花时间去挖掘最近的、常常是尚未发表的资料。本章将就如何与研究团体保持联系并跟上研究进展这两方面给出一些建议。

研　究　团　体

　　研究者之间的交流对于学术思想和成果的传播非常重要。

收集信息并在思想上和现实生活中与他人进行交流是有必要的。研究团体由个人、小组或大型的机构组成,成员定期会见,并分成多个不同类型的小组。请参阅图15.1,该图以图表的形式对研究团体的构成进行了描述。

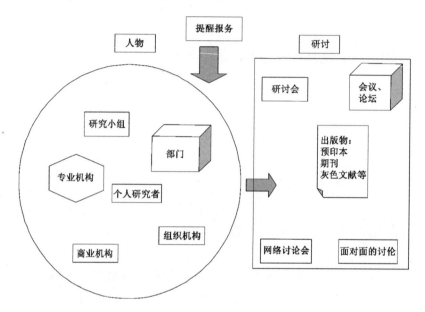

图 15.1 研究团体

其 他 机 构

获得最近活动信息的一个简易方法是登录该机构或研究小组的网站。用这个方法可能无法获得出版的资料和最新活动报告的信息,但它是个很好的起点,能够帮助研究者确定参与活动的个人或小组。这类信息可以通过访问 HERO 网站,在某些 Intute 主题网站或与同一领域的研究者互通有无来获得。

工作联系网络

一场研讨会结束之后,与会者的名片满天飞是常见的事情。会上的互相接触有利于了解所结识的人、他们工作的地点以及从事的研究领域,即使丢失了别人的名片或忘记了交往的细节也没有关系。而建立文献网络能够使得查找人物或者地点(研究特殊专题的地方)更为快捷简易。这只需要简单的数据库、电子数据表或笔记就足够了。

许多研究学者都参与了审核书籍或文章的工作。这非常有助于他们去阅读涉及当前热点问题的著作。

COS 和 CORDIS

COS 和 CORDIS 是找到其他研究者和研究项目伙伴详情的两大论坛(参阅第 3 章)。

Intute

每个 Intute[1] 主题群都为研究者提供了服务。"我的 Intute" (MyIntute)允许用户在 Intute 上添加设置新资料一周邮件提醒服务。对社会科学还可以检索会议与活动。

ISI 权威引文资料库

ISI 权威引文资料库是 ISI 知识网络服务的组成部分。它提供了高引用率的研究者(在 ISI 引文数据库的储存范畴之内)的详细信息,并计划在科学、工程学和社会科学领域将 21 个宽泛主题类目中 250 个高引用率的研究者的信息都囊括进来。该数据库为用户提供的信息包括个人传记和出版作品的详细情况。

Scenta

SCENTA[2] 是为科学、工程学和技术团体服务的门户(SET)。它为用户提供了查找科研活动、论坛信息以及资源链接的机会。

Times 高等教育增刊

Times 高等教育增刊[3](THES)提供的信息有:获得研究基

金的机会(仅针对在线订阅者)、会议以及高等教育政策方面的新文章、研究者和最近讨论情况。该增刊既有印刷版出售,也可以在线阅读。

发布会、研讨会和座谈会

为方便起见,上述标题所含意义都属于会议的范畴之内。志同道合的研究者聚集一堂,可以就最近互接参与的研究活动进行讨论(和辩论)。会议的主题五花八门,无所不有,而会议召开的信息却不易获得。许多大型会议提前筹划持续数月,甚至好几年。任何想要向会议递交论文的人都需要在会议开始之前提早上交。弄清楚会议圈对研究者和组织机构来说都很重要。可以通过下列途径了解到会议进行的状况:

- 阅读期刊
- 成为会员,或从专业机构获取详细信息
- 登录主题门户
- Intute 之类的服务
- 使用会议的专用网站或目录
- 网络搜索
- 网络提醒或网络日志
- 邮件/讨论列表
- 咨询同事或其他学科专家
- 印刷传单

会议目录

许多目录发布在网络上,可见内容取决于会议组织者向网络上传了多少。AllConfereneces.com[4] 或 Conference Alerts[5] 便是这种学科综合的目录网站。专业团体为他们自己的机构提供会议信息,有时也提供给外部团体。举例来说,IEEE 超声学、铁电质学和频率控制学会都提供了获取全部 IEEE 会议详情的途径,除了本学会的会议信息外,皇家历史学会的其他信息也可以在它的网站上看到。

提醒与最新通报服务

到目前为止,本章阐述的有关搜集研究团体和最新活动的信息都只限于研究者采取行动。其实还有许多服务项目,通过这些项目,研究者可以建立复杂的提醒,这样一来,有关出版、活动和其他事情的信息就会自动通过网络发送给他们。这些服务项目通常指的是最新通报服务或提醒服务。

数 据 库

大多数在线订阅数据库都提供保存个人检索的设置(参阅第 5 章)。进入数据库后,用户可以在一段时间后打开之前保存的检索,重新运行并进行更新。利用这项设置,用户能够建立检索提醒服务,这样一来,系统每隔一段时间便会自动进行检索,将更新的信息回馈给用户。爱思唯尔"科学导引"数据库为用户提供了增刊提醒服务,当所选期刊的最新一期可从"科学导引"上获取时,用户便会收到提醒。该数据库以及斯高帕斯数据库同时还允许用户设置引用提醒服务(参阅第 7 章)。提醒服务的设定是灵活多样的,用户可以自选提醒的频率和资料邮递的形式。

出 版 社

在过去,出版社将目录递送给有利益关系的组织,提醒他们关注新的出版物,并鼓动他们购买。这种做法现在依然流行,但弊端重重:纸张、印刷和邮寄费用,复制过时邮件列表的代价,因出版社所选接收者不相关而造成的代价。而电子版本的出版物既经济又便于管理,除此之外,信息的投递与收取几乎在同时完成。

许多大的出版机构比如 Blackwells、牛津大学出版社和开放大学出版社[6]。为用户提供了解最新出版物的电子邮件提醒服务。用户可以设置自己感兴趣的出版物的领域。

官方出版物

UKOP 为英国的官方出版物提供了每周电子邮件提醒服务,公共部门信息办公室(OPSI)为新法规提供了信息聚合源(RSS feed)。

内容目录浏览服务(TOC)

内容目录浏览提醒有时相当有用,可以让用户了解到一本出版物中的所有内容。这即是说,尽管有时候用户收到提醒后去阅读的文章不合胃口,但也有可能遇到与课题有关系而通过关键词检索不一定能找得到的资料。

Zetoc

经常使用 Zetoc 的研究者可以建立一项提醒服务:一旦出版物被添加到大英图书馆的期刊和会议记录内容目录列表之中,用户能够收到来自 Zetoc 的电子邮件或信息聚合源提醒,并得知目录列表的内容。用户可以建立多项提醒服务,电子邮件可以包含一个或多个标题。

有些数据库,如 CSA Illumina 提供的数据库,可以建立 ToC 提醒服务。利用一种或多种资源(期刊标题或 ISSN)进行检索,并将这项检索设置成为提醒,提醒服务便设置好了。检索结果的新增信息将自动发送给设置了该项服务的用户。

Sage[7]、OUP[8] 和 Springer[9] 等期刊出版社提供内容目录提醒服务。服务对象将提前收到有关即将出版的文章和论文的信息。Springer 的关键词提醒服务允许用户输入关键词作为提醒服务的依据。泰勒-弗朗西斯出版集团(T&F)的 InformaWorld[10] 为 T&F 出版物提供了提醒服务,包括许多不同类型的提醒。还有主题或出版物提醒的信息聚合源服务。

像 InfoTrieve[11] 这样的商业文件提供服务网站,有时会为用户提供一份内容提醒服务的目录,用户在设置好自己的概况后,便可以订阅该服务。

研 究 新 闻

从下列渠道可以获得研究新闻:专业机构、慈善团体以及大学院系。其他论坛还有美国科学进步协会(American Association for the Advancement of Science[12], AAAS)的EurekAlert,研究者可以发布工作信息,他人随后可以获取。这些方案取决于研究者或所属机构提交的资料。

邮件 / 讨论列表

邮件列表是监控当前感兴趣论题的手段,也是参与相近领域的同仁们的讨论会的途径。如果加入到过多邮件列表中,会引发邮件泛滥的危险。邮件列表的分类涵盖几乎所有的学科,从最普遍的到最为专业的都有,列表中的活跃度各不相同,有些列表订阅者每天都可以收到许多信息,而有些则长期处于休眠状态。调查档案可以使用户了解列表的总体活跃度。幸运的是,通过某些方法,在诸如假期这样的非活动时间,用户可以暂停接收订阅的信息,因此度假回来时,邮箱中不至于有上百封邮件等待处理。

尽管大多数列表是对外开放的,有些仍是保密的,即,仅对符合特定标准的用户开放(比如大学院系的领导)。列表管理员监管着列表,一旦该项服务被滥用或无关的异议被上传,管理员便会进行处理。

在英国的高等教育和继续教育圈内,Jiscmail[13]全国学术邮件列表服务中有许多由JISC提供的邮件列表。提供的邮件列表。订取列表和管理列表都无须付费。世界上有不计其数的邮件列表依靠商业的LISTSERV[14]软件来运行。该软件系统以公司的Catalist检索引擎服务为基础,可以帮助用户检索邮件列表。

网　络　2.0

有大量博客和维客(wikis)旨在让研究者与最新进展保持联系。其中许多是由个人提供的,因此用户核定内容时应谨慎评估质量与权威性。即便如此,此类交流方法可能弥足珍贵。

> **要点**
>
> - 找到联系与追踪其他研究者、研究群体和机构的方法
> - 跟踪选定学科领域的会议活动
> - 设置提醒保持新出版物提醒状态
> - 加入邮件列表,追踪当前进展并联系相同学科工作人员

> **清单**
>
> 1　注册相关提醒了吗?
> 2　你的学科领域有有用的讨论列表吗?
> 3　找到与自己相关的有关会议及活动内容了吗?
> 4　如何最好地确保知晓学科最新进展?

16 变幻多姿的研究

导　言

　　各图书馆联合而给予研究工作支持的力量的增大、研究者数量的增多、英国大学中RAE（科研水平评估）占有重要地位的事实以及对学者交流的驱动作用，所有这些因素与技术的发展密切相连，并促成了研究信息提供、存储和获取的快速发展。本章简要概述了对学术研究圈产生重要影响的若干主要因素及其惯常做法。许多进展受到了政治领域等驱动力（或缺乏驱动力）的影响，而经济因素的影响在某些新进展上起到了巨大作用，能获得基础支持和顶层支持。

JISC 活动

　　JISC工作的一个主要方面是对信息化研究的支持与发展。该领域发展迅猛，日后研究者也许能看到JISC项目的成就以及附带产生的新的主流服务。JISC将信息化研究形容为促进研究进程所有阶段的信息和计算机技术的进展与支撑。术语"信息化研究"源自术语"信息化科学",但其范围扩展到所有研究领域,而不仅仅是科学领域。它关注支持涉及研究全部进程的技术,包括(但不限于)创建并维持研究协作,发现、分析、处理、发布、存储与分享研究资料和信息。该领域有代表性的技术包括:虚拟科研环境、网格计算、可视化服务以及文本与资料开发服务

(JISC 2007b)

除了为英国高等教育和继续教育机构提供网络之外,JISC还在国家层面上资助"支持、革新教研中运用信息和计算机技术"(JISC 2007c)的活动与项目。"JISC 资料采集"(JISC Collections)[1]与供应方商洽全国性的许可协议以及电子资料的采购。此类规定能使机构在预算外向用户提供电子资源。此类资料采集正在稳步发展。

研究成果的传播

假如一开始就没有资料可供使用,研究者当然也就找不到资料。研究成果的传播构成了研究进程的重要部分。学术自由规定,只要作者愿意,就可以免费发表其成果。他们选择交流途径的动机通常取决于

- 出版物的声誉(其影响因子、退稿率、圈内重视度和专家评审)
- 能使作者证明自己是第一个就该课题发现或发表成果的出版速度
- 能使研究圈子里的其他成员获取其成果的研究关注度
- 对资助机构的需求

资助机构的政策

近年来,事关某些机构资助产生的研究资料需求方面的政策变化显著。2006 年 6 月,英国研究理事会(RCUK)就获取研究成果发表了立场声明。该声明

> 重申研究理事会致力于以下指导原则:公共基金资助的研究必须公开并根据实际需要能让公共研究迅速访问;发表的研究成果应经过专家有效评审;使用公共基金须经济实惠;成果须留存并始终能为后世访问
>
> (RCUK 2006)

组成 RCUK 的每个理事会已经或正在形成自身有关该指导原则的工作方法。例如,BBSRC(生物技术与生物科学研究理事会)规定,对于其资助的研究成果,"任何由此发表的期刊文章或会议公报,只要有可能,就要在合适的电子印本储藏库里存放一份,只要这种储藏库有效"(BBSRC 2006)。MRC(医学研究理事会)的方法略有不同。它"规定任何研究论文,只要经由 MRC 基金全部或部分资助的专家评审的期刊认可发表,其电子版只要有可能(当然是在六个月内),就要存放在英国公共医学中心(UKPMC)"(MRC 2006)。

并非只有 RCUK 改变了政策。第一个接受这种新方法的基金是惠康基金会。该基金会目前

- "期待研究论文的作者尽最大可能使其成果免费获取,而且只要有可能,就保留其版权"
- "会用其他基金为包括出版社收取的开放存取费用提供经费,出版社提供开放存取服务以满足基金会的需求"
- "规定,在任何情况下,获准在专家评审期刊上出版的每篇研究论文的电子版,以及全部或部分由惠康基金

会扶持的研究论文的电子版,要在期刊出版社正式最后发表日期六个月内能尽快从PMC数据库(以及其他国际PMC网站,如英国PMC)免费获取"

(Wellcome Trust 2007b)

假如"作者付费"的费用包括在基金申请之内,此类基金会会支付该费用。

再多说几句。欧洲联盟和美国的NIH(国立卫生研究院)都在考虑改革获取受赞助研究的政策。欧盟就"数字时代的科学资料:获取、传播与保存"(EU 2007a)发布信息,且讨论在持续。该文件推荐了许多行动,包括提供出版(开放存取在内)费用和资助基础设施(开放存取典藏在内)。

美国的探讨在加快步伐,在撰写本书时,近期发表的两份政府报告提出了对公共投资研究公开获取的话题。自2005年以来,NIH就要求作者向NIH资助的研究提供免费访问。假如这项政策如开放存取运动支持者所希望的那样改变,美国学术交流的面貌就会发生根本改观。甚至还有个自称为"纳税人开放存取联盟"[2]的组织呼吁NIH资助的研究向资助它的纳税人开放。

关于科技出版的辩论还在继续,而假如主要观点被接受的话,可能会大大改变作者惯例。其他学科也有可能需要经历变革。

有家网站概述了由SHERPA提供的投资者存档策略——它被诗意地命名为"朱丽叶"(JULIET[3]),因为它起到了已被广为接受的SHERPA"罗密欧"[RoMEO]网站的伴侣网站的作用。

获取与传播策略对研究者影响显著,研究者要受制于投资者的拨款条件。在撰写本书时,还是由部分理事会制定政策,时过境迁,这种特殊局面有可能彻底改变研究的传播。

开 放 存 取

开放存取是让材料(如研究成果与论文)能免费获取。它是发表与共享研究成果的一种途径。BOAI(布达佩斯开放存取倡议)将开放存取定义如下:

> 公共互联网上可以免费获取,允许任何用户阅读、下载、复制、散发、打印、检索或链接这些文章的全文、爬取网站并建立索引、以数据形式将其传到软件,或出于其他合法目的进行使用,除了那些与互联网访问权本身密不可分的障碍,不存在费用、法律或技术上的障碍。有关复制、散发的唯一限制以及该领域版权的唯一作用应该是由作者支配其作品的完整性、有权被准确地认可并引用。
>
> (BOAI 2007)

开放存取期刊与拥有自存档或其他资料的开放存取典藏之间有个区别:开放存取期刊类似传统意义上的期刊,它们包括专家评审并提供研究者所需的证明。其区别在于:

1 资助模式:出版费用要么由作者单位支付,要么由资助该研究的机构支付(但这两种方法都含混地称为"作者支付");

2 所有人免费获取,不必订阅或其他报酬,也没有获取内容所需的密码之类限制。

开放存取典藏是开放存取期刊的补充,能提供访问所有类型的学术资料,如文章(既有后印本,也有预印本)、会议论文等灰色文献、图书章节、论文、数据集和其他资料。许多机构提供了自己的典藏,并将之用于各种目的,包括内容的散播、管理与保存。

许多出版社提供了某种形式的开放存取模式,作者可以为其文章选择这种模式。在出版圈、开放存取支持者以及其他利益相关方之间有过大量热烈的讨论,作者的决定受到资助团体立场的强烈影响(见前文)。解决这种情况尚需时日。随着出版社、图书馆、作者之间的紧张关系逐渐解决,政府和其他有影响的团体变得更加积极,研究产品的散播模式会显著改变。

许多图书馆正在开发并升级开放存取典藏,为的是

- 加大可见度,以增加影响和对资料的引用
- 在单个场所保留某位作者、全体或机构的研究材料(如文章和其他资料),而不是散布到许多独立而不相关联的场所
- 将资料打上由机构发布的"烙印"并为该机构的研究提供展示场所
- 使研究更易发现、更易获取
- 提供能使研究成果更快获取的途径,并进而证实研究者所做的研究
- 按照资助机构的要求,让公共资助研究的成果向普通大众开放
- 成为数字保存的途径

还有无数其他原因。创建一个基本典藏在技术上较为容易,如今许多机构都提供了这样的典藏。充实典藏则更成问题,这部分是因为对学术作者的压力已经很明显,部分是因为典藏管理硬塞进研究者的工作中,他们忙于许多其他高速数字化发展职责。但还有个原因:在本文撰写时,充实典藏尚未达到临界点。

更重要的是,机构重视这些典藏及其包含的高级功能,为的是吸引用户(例如,列在个人网页上的出版物自动更新),因此应该充实典藏,并成为学术交流的重要部分,以与传统出版互补。

SPARC 计划

SPARC(学术出版及资源联合会)[4]鼓励学术交流领域的变

革与创新,旨在处理与当前学术资料传播模式相关的问题。联合会包括大学、研究图书馆和其他组织,并在欧洲有个合作伙伴:欧洲 SPARC[5]。欧洲 SPARC 声称"我们提倡学术交流市场中的变革,支持竞争,鼓励新的出版模式(特别是开放存取模式),以更好地服务国际研究者团体"(SPARC Europe 2007)。

查找研究资料

交 叉 检 索

交叉检索(有时称整合检索或元检索)是利用特别发达的界面一次性对大量资源(如数据库)进行检索。尽管这对研究者来说很便捷,但技术上的困难仍不可避免。假如只需要通过数量适中的界面来检索不计其数的数据库,研究者便因此受益,时间和精力都将得到节省。一个问题是,这种检索简化为所列数据库检索功能的最起码标准。交叉检索同样也是用户发现资料提供者的一种途径,之前用户可能对提供者一无所知。图书馆正准备为用户提供这项功能以便用户能够从本馆目录(即检索界面)检索到其他数据库。另一个问题在于发现最恰当信息资源的用户。交叉检索有其用途且价值无量,但严肃的研究者可能喜欢使用众多数据库各自原始的界面。

语义网和网络 2.0

语义网(后称作语义网格)是为网络上可获取资料赋予意义的一种方法。语义网的作用是针对本体发展或共用、共同词汇的创建。这(部分)是为了能够更有效地发掘网络资源。语义网通过电脑进行运作,正变得"能更好地处理和'理解'仅在当前显示的数据"(Berners-Lee et al. 2001:2)。如果电脑精确地确认和处理了内容所表达的语义,那么用户能获得的信息就会比当前程序所反映的信息更精准。

网络 2.0 这个术语通常用来描述一系列动态网络服务以及能使这些服务之间交互操作和功能更智能、用途更广的架构。

但是,该术语尚无正式定义,大家见仁见智。网络2.0可以包括图像服务、博客、信息聚合源、地理空间产品及其他服务。"研究资料提供者关注、形成的论文"之类的功能和其他功能提高了服务质量,并使这些服务日益符合研究者需求、更有用。

文本探勘

资料激增带来的问题是,处理、提炼来自所有相关资源的相关意义与资料越来越困难。文本探勘的出现,为从大量文档或其他资源中选取资料提供了解决方法。国立文本探勘中心(NaCTeM)把"文本探勘"形容为"通过运用信息检索、自然语言处理和数据探勘领域的技术,努力发掘新的、先前未知资料"的方法(NaCTeM 2007)。这些进展让研究圈颇感兴趣,有助于从不断增加的文献资料中检索相关信息。

开放式 URLs

开放式 URL 框架的发展为用户提供了以网络为基础的学术信息服务,使用户可以链接到最合适的资料。某个特定资源可能通过许多来源获取,但用户也许只能通过一条路径(如所在图书馆)获准访问。使用开放式 URL 能使用户自动使用合适的路径,而不用去考虑其他会被带进死胡同的无用路径。这对于研究者大有裨益,使用开放式 URL 会有助于无缝链接并改善信息环境里的资源发掘。但是,所有这些应该保持不让用户察觉。

电子图书和电子论文

电子图书

电子图书从成书到流通入市,情况复杂。现有的邮递购书与浏览书籍、付款与数据保护的形式有很多种:基于网络的系统的使用已经逐渐超过了手持设备。数字图书具有的检索功能、微量购买的理念(即指每次购买出版图书的一小部分,比如一页）和链接到其他多媒体资源的可能性都使用户大为受益。

对于英国市场来说，参考书已经成为最受欢迎的可获取电子化图书类型，也是成功而流行的产品。学术图书馆通常热衷于提供更多面向英国市场的教科书，以缓解批量供应难题。但是出版社关注的是对销量的潜在影响。

随着提供者制作出更多创造性产品，同时延续某些资料印刷版的传统在线版本，对电子书确切构成的讨论可能会进一步显现。电子格式广为接受，但其如何展示则需要提升、需要商讨、需要时间。更多电子书资料集可以获取，英国的 JISC 不断丰富其资料集，并致力于在学术机构内宣传使用电子书。两大领域特别值得注意：日益增加提供电子教科书的工作以及对过期版权文本的批量数字化工作，还有附加的服务。但是，印刷版图书的未来似乎还是有保障的，当然是在可预见的未来。

电 子 论 文

新的英国全国性论文服务 EThOS 会提供存储、访问、维护英国机构中所产生数字论文的途径。除了论文的数字化传输，还有其他传输方式，包括打印和 CD。这为那些无法通过电子途径获取的资料提供数字化服务，大学订阅这些服务以确保按此方式提供其论文。按照让颁授机构向 EThOS 提交数字化论文（及其记录）的模式运作，从而建立起大型资料库。通过由 JISC 提供的额外资金，支付逾 5 000 份最受欢迎（即索要最多的；印刷格式或缩微格式）的资料数字化费用，数字化处理"启动"了。EThOS 会按照开放存取的原则提供论文。它会与机构合作，这些机构可能有自己的论文库，而如果没有的话，可以选择使用 EThOS 作为其数字合集的资料库。在接下来的几年里，该服务有望转型全产品服务。这一面向论文电子供稿（可能还有投稿）的全面转型会影响研究生及其导师所需的训练，他们必须注意到格式、论文结构以及更为重要的权利等与数字化资料相关的问题。

数据的重要性

近年来,出于研究的目的,日益繁多的数据被收集起来。数据集可以包括最初的原始数据或最终处理过的匿名数据集:可以是数据库,也可以是图像或其他格式类型的集合。要关注的是初始工作完成后这些数据发生了什么变化。有时候数据会提交到UKDA(英国数据档案馆)之类的全国性数据档案库。遗憾的是,大量数据丢失了。当未来的研究者想要继续研究同样的数据时,就真正成问题了——原始数据可以用来支持或反驳学术结论,它甚至会导致重复进行同样的工作。这些问题已经确定并且很重要,因此要做大量工作去收集、存储、管理和维护作为研究成果而产生的数据集。这不是件轻松的任务,数字管理中心(DCC)[6]和研究资料网络(RIN)[7]之类的主要团体在维持着该领域的工作。将来有望会由研究者本人提交更多的数据,甚至有可能在实验室进行实验时自动提交,这样的话,这一大堆研究素材就永远不会丢失了。探究研究数据与数字图书馆之间关联的英国电子资料储备库项目的工作正在推进。

电子科学项目与网格

研究者一直都注重对他人的成果进行吸收和利用。电子科学项目与网格的发展为全球范围内研究数据的协作与利用提供了途径。它还提供了访问实验设备以及促成这项协作的计算能力。国家电子科学中心[8]称,"未来,电子科学将涉及借助互联网通过散布各地的全球协作完成的大型科学。此类协作科学事业的一个典型特征是,需要访问非常庞大的数据集、大型计算资源和支持每位科学家用户的高性能可视化"(National e-Science Centre 2007)。其功能包括巨量数据的存储和使用分布式计算设备运行极度复杂实验的方法。

同样,网格技术的应用和电子科学团体的经验也可以用于社会科学。ESRC 资助了国家电子社会科学中心[9]，该中心负责有关网格计算在社会科学领域的强大应用与发展之类的工作。

"网格计算是在网络空间内同时利用许多电脑上的资源来处理一个问题"(Berman et al. 2003)，并对技术体系给予支持，而技术体系又支持了电子科学项目。除了共享计算资源之外，网格计算使得用户还能够共享数据库和其他网络工具。

协作性的电子研究

网格将成为支持协作性电子研究的方式之一。随着数据的采集能力达到不可思议的水平，以及跨学科项目之类的新领域产生更多研究而导致"数据泛滥"，这有必要得到管理和维持(Hey and Trefethen 2003)。众多科研中心的通力协作所带来的影响，将会有利于此类进展取得好结果。

管理和发布信息的方法

越来越多的机构利用各种网络系统——比如 VLEs（虚拟学习环境）、受控学习环境（MLEs）和网关——作为教学、信息管理与发布的工具。研究者会接触到一个或多个类似系统（尽管不一定是专为某研究团体设计的），进入这些系统需要某种形式的认证，比如使用密码。这些系统的用法和术语变化不定，术语往往可以互换使用。

另一个日益成熟的领域是虚拟研究环境（VREs）。VREs旨在帮助研究者管理其研究，包括他们所用的资料和执行的任务。创建具有研究者所需的服务、功能与工具的 VRE 在技术上多少是个挑战。为研究解决方案和最佳做法，许多项目开始推出，未来会在这个领域看到很多变化。

数字化保存与管理

　　与资料打交道的人们最关注的一个问题是如何长期保存和管理数字资料。无论从资料存档至今已经过了多长时间,都可以通过创造模拟原始硬件或软件的方法,或者是改变资料存储以适应访问设置,或者是用户通过任何可用方式都能获得存储方法(Granger 2000)。对数字化资料的三大威胁是：

- 技术落伍
- 数据单薄
- 数字化资料负责人欠缺知识与丰富实践(DCC 2007a)

　　技术落伍的一个例子是 BBC 的"世界末日"项目。该问题发生于 1986 年,当时数据存储于现在已被淘汰了的 LV-ROM 光盘中(Abbott 2003)。通过在利兹大学(英国)和密歇根大学(美国)的研究者的努力,这个问题最终得到了解决。

　　数字保存领域方兴未艾。在英国,人们建立了一个名为"数字存储联盟"(DPC)的机构"来促进应对一项严峻挑战的联合行动,即维护国内数字资源保存的安全;同时,也鼓励与国际上其他同类机构合作,确保全球数字记忆品和知识基础的安全"(DPC 2002)。DPC 的成员机构包括大英图书馆、国家档案馆、JISC 和出版商授权协会(PLS)。

　　DPC 的另一个成员是数字管理中心(DCC),其作用是"为管理全国和国际所有数字化格式的研究产品提供管理方面的国家级研究发展中心并促进技能提升、丰富实践"(DCC 2007b)。DCC 为帮助数据拥有者管理和保存可获取且长期可用的资料提供服务。

研究资料网络(RIN)

研究资料网络成立于 2005 年,其职责是找到处理与日俱增、日益复杂的研究资料的方法。该组织定下的目标是"为了英国研究者的利益合力,在提供研究资料上引领、协调新发展"(RIN 2007)。此类国家级团体有可能为改进英国研究资料的提供指引协作之路。

期刊的影响因子、同行评审和引文服务

学术界熟悉期刊的影响因子不止一天两天了。作者通过等级制来评估期刊的优劣,并利用这个方法来挑选具有出版水平的刊物。随着更多研究能够免费获取,再加上有可能使用网络访问和下载日志以补充或取代全部或部分评估,这种评估模式受到了挑战。RAE(研究评估考核)会经历重要变革,以吸收参考文献评估——该领域要做的还很多。至于究竟最好是保持现状还是利用在线领域,争论还在激烈进行。

相关各方都同意,专家评审对于出版过程中确保学术质量和准确至关重要。然而,随着开放存取实力增强,传统专家评审过程也在接受审视。在线领域的潜力再一次被视为更新现行做法的一个可能路径。专家评审新模式的一个例子是由生物医学中心(BMC)系列出版物采用的开放式专家评审,这种模式不是盲审,评审员署名点评,资料出版前的过程(包括预印本以及评审员和作者的意见)可以获取。多年来,开放式专家评审在某些圈子里已经司空见惯,但等到形势明朗、新模式流行可靠尚需时日。

当前提供引文服务的做法还存在着许多问题。人们开始运用数字领域创建有关引文的更多可靠、广泛的资料,但这是复杂的问题,需要能满足相关各方的创造性的解决方法。有价值的集成服务潜力巨大。当前正在进行的例子见 OpCit 项目[10]。

清 单 汇 总

第 1 章

研究主题或问题清晰明确吗？对研究了然于胸吗？

研究的目的是什么？最终成果的目标人群是哪些？运用本章里的问题来帮助明确目的。

研究的范围与程度是什么？运用本章里的问题来帮助明确范围。

你处理过查询电子资源用户名与密码等各种实际问题吗？

第 2 章

你知道在图书馆的什么地方能找到研究所需的印刷品资源？

本地图书馆有哪些可用的相关网上资源？

你知道如何获取所需的网上资源吗？需要专门的密码吗？

其他图书馆有你要研究的特殊馆藏吗？

你认出并结识能为你的研究提供帮助的图书馆工作人员了吗？

接受过使用图书馆资源的培训了吗？

你是否熟悉

- 分类法？
- 编目及如何有效高效地使用编目？你知道图书编目的局限性吗？
- 所需的专业图书馆服务？

第3章

你查过当前研究的索引与数据库吗？
你找到由资助机构及其他团体资助的当前研究了吗？
你找到相关论文了吗？

第4章

最终成果是什么？是简单摘要、数千字的记录、还是论文、深度报告或专著等大型著作？
适于此类工作的研究/时间/资料有多少？
该项目可用多长时间？
所需材料的类型是什么？
你了解获取直接来源的困难吗？
其他学科有相关的资料来源吗？
你为研究工作明确设限了吗？哪些内容不准备纳入？研究的边界在哪里？
你记下与该项目相关的已知来源了吗？
你大致了解自己的资料查找策略吗？

第5章

哪些数据库、摘要和索引与你的研究最相关？还有其他更全面的有用数据库吗？
你单位的图书馆有联合检索选项（你在那里一次性就可以检索许多数据库）吗？

选择同你的研究相关的某个重要数据库,找出它编制索引的字段,它是否有汇编词典?如果求助功能里有有用资料,你如何整理检索到的记录(标注、发送电子邮件、使用参考书目软件)?有哪些特殊事项你该知晓?

　　你知道如何找到开放存取期刊以及其他开放存取资料吗?

　　你应该核验国家图书馆哪些目录、馆藏以及专业研究馆藏?

　　你会使用有关其他类型材料的哪些资料来源(如档案、政府文件、灰色文献、图像或地图)?

第6章

　　读过与课题相关的内容,你应该记下可用于检索的重要字词

　　识别概念与关键词,并完成图6.2中的步骤

　　围绕相关记录,运用逻辑运算符和其他连接符以及截断符、通配符等手段

　　为检索设限,或使用"非"连接符以过滤无关记录

　　你需要提炼、扩展或缩小检索吗?

　　检索结果如你所愿吗?

　　在每个阶段评估找到的结果,以修正、改进检索策略

　　你保存所有相关记录、从而拥有获取全文所必需的所有资料了吗?

　　是不是到了再也查找不到新记录的地步?

　　有其他应该使用的数据库或资源吗?

第7章

　　查验你所用作品的参考资料并确定打算进一步研究的内容

　　你会在哪里查验文章是否在其他地方被引用过?你能找到这篇(些)文章的确切引文吗?

　　这些文章能确认为原创重要作品吗?假如不能,你能识别该主题的原创重要作品吗?

使用你在上面第二步中找到的参考资料,那些作品中引用的其他作品有相关的吗?

第 8 章

你在本单位核对过所有可能的目录和网上资源(包括网上全文电子期刊与电子书馆藏)了吗?

你所需的任何材料能在开放存取期刊或通过开放存取典藏免费获取吗?

你知道相关特藏或档案馆吗?

第 9 章

考虑过使用不止一个搜索引擎吗?

查到资料后记录下详细出处吗?

对于万维网上检索到的内容够挑剔吗?

第 10 章

核对过哪些资料易于在本单位获取吗?

能用规范的开放存取库在互联网上免费访问所需资料吗?

需要用其他资源获取所需信息吗?

要使用馆际互借或其他文档供应服务订阅资料吗?

第 11 章

你对所搜集的或想要搜集的、满足出处、内容、与主题的关系等方面标准的资料满意吗?

你能访问并有权使用所找到的资料吗?

第 12 章

使用的参考文献是何体例?为什么?

查阅过所引用的每部著作了吗?

收录进一批实际上未引用、但读者更感兴趣的著作了吗？

引用的所有参考文献细节完备吗？

参考文献一致吗？自始至终使用正确的字体和标点吗？

识别有助于查询参考文献的出处（图书馆员、学术著作、参考著作等）了吗？

使用书目软件（见第13章）了吗？

第13章

如何保存检索的记录？

知道所用一切资源的全部 详情吗？

假如有了想要查阅的著作的影印选段，知道它们所摘自著作的详情吗？

假如使用摘自某章的参考文献，是否记录下收录该章的著作的详情？

打算利用书目软件吗？

第14章

能确定获得许可使用其他当事人拥有版权的材料了吗？

在相关处向版权所有人致谢了吗？

打算为自己的作品使用某种知识共享或其他许可吗？如果打算使用的话，使用哪种？

认真阅读过版权转让协议并知道将作品递交给出版社后有何权利使用自己的作品吗？

想要在自己的作品中保留权利或授予出版社（假如投给某家出版社出版）独家或非独家许可权吗？

作品有哪些部分应该申请其他知识产权保护（如专利权、外观设计专利等）？

能确定没有剽窃他人作品吗？

第 15 章

注册相关提醒了吗？
你的学科领域有有用的讨论列表吗？
找到与自己相关的有关会议及活动内容了吗？
如何最好地确保知晓学科最新进展？

附录一　使用图书馆

图书馆资源

馆藏资料可能包括以下类别中的一种、部分或全部：

- 硬拷贝（包括书籍、期刊、地图、手稿等印刷资源）
- 电子资料（包括数据库、光盘、DVD 及其他格式）
- 缩微资料（缩微胶卷、缩微胶片和缩印）
- 多媒体资料（包括录像、录音磁带、黑胶唱片、影片、照片）
- 人工制品（包括教学资源、地质标本、教具）

研究者未必知道他们所需资料的类型，但必须熟悉如何使用所需资料存储的介质。如果要选择介质，就选择最合适的介质。例如，若要在光盘版本与互联网版本之间选择的话，后者也许更有时效性。同样，如果网络版未能收入报纸文章附带的所有图表，那么报纸的印刷版更合适。

图书馆服务

借 书 处

借书处往往是图书馆主要的前沿服务窗口。用户在这里借阅资料、归还资料,并办理其他事务,如预订或领取预订资料。许多图书馆提供开架借阅服务和还书装置,作为人工借书处的补充。

研究者应该知晓其**借阅资格**(如可借阅资料数和借阅期限)以及任何使用限制,以充分利用图书馆及其资源。知晓借阅权并按期归还,可以省时省钱,免得权利被撤销或被迫支付不必要的罚款。

馆际互借(ILL)与文献供给

假如要访问所在图书馆未提供印刷版或电子版的某个资料,可以通过文献供给服务加以解决。对于许多图书馆来说,可以使用其**馆际互借**服务。研究者应该熟悉其所在图书馆的馆际互借与文献供给流程,包括津贴(这些服务要向图书馆缴费,因此通常会按每人或每份资料设定额度)和付费获取其他资料的资格。获取所在图书馆没有的资料应在时间上有所宽限(见第10章)。

针对特殊需求的服务

对于那些生理或学习上有障碍的人来说,图书馆可能不是适宜之处。用户可能会在建筑结构、获取和使用资源方面遭遇困难。图书馆要想方设法解决这些难题,或至少缓解此类问题。

联络图书馆的中介机构

根据情况,图书馆可能会设立学生辅导处之类的机构,评估每个人的需求并为其争取其他服务或使用专业技术。

专业技术和网站改进

为了便于让那些有特殊需求的人使用,精密技术不断开发,图书馆也在完善自己提供的设备。技术包括:

- 盲文机、大型视频显示设备、无障碍键盘等专业硬件
- 提供标准硬件以改善有难处人士的状况,如扫描仪或彩色打印机
- 图解/规划程序或屏幕朗读之类的专业软件
- 网页改进,如只有文本的版本以及用户自选背景色的功能

图书馆的其他服务

一些图书馆为用户提供其所需的其他服务,包括:领取服务,省得用户在大型建筑里绕来绕去;商议如何搁放书架以及(或)如何使用复杂分类系统。

图书馆资源的管理

图书馆馆藏资源可以按学科或其他某个标准分类。无论哪种方法,图书馆的目录都是查询可用资料(包括电子资源)以及排架号(或索书号)的关键。每个实体资料指定一个排架号(或索书号),为的是让读者通过图书馆工作人员找到它。此类设计的目的旨在高效检索资料。

开架借阅或闭架借阅

图书馆允许用户访问的资料量各不相同。有些图书馆**开架借阅**,将其所有馆藏向用户展示,允许他们手持浏览。这些图书馆喜欢使用一套按学科内容对馆藏进行归类的分类系统。**闭架阅读**图书馆要求用户索要资料并等候工作人员为他们拿取资料。许多图书馆兼用两种方式。假如用户想要闭架借阅的资料,应留出充足时间预约和拿取。根据闭架借阅资料的位置,每

天工作时间内也许只能借出少量资料。

浏览或检索

闭架借阅的馆藏要求用户检索相关资料的目录。开架借阅则提供了某种选择。假如该选择可行，用户应浏览目录寻找所有他们能找到的相关资料。找到合适的排架号后，仔细查看那些区域的书架会大有裨益，因为检索时总是有可能忽略类似主题的相关书刊，特别是有些资料的标题或记录中使用了意想不到的词语，有些书目的主题检索功能有局限性。

分类系统

在图书馆里，分类系统是按主题领域对资料归类的一种方式。分类者的任务是为每份资料指定一个索书号，这样就可以按照主题有序排在书架上，且用户易于检索（这一点同样重要）。

丛书可以单独上架，也许用不着分类系统。例如，可以按书名的字母顺利上架。

分类的主题特性

理论上，使用杜威十进制分类法（见下文）之类的分类系统，应该能让类似主题领域的资料挨近上架。

但在实际浏览中不能指望这一点。因为分类不仅仅是科学，更是艺术。资料的位置取决于分类者。比如，一本关于"医疗的心理影响"的书籍，既可以与其他心理学书籍放在一个书架上，也可以和其他医学书籍放在一起。同时，分类系统一旦更新（因为更新是不固定的），可能会出现上架资料不止一个索书号的现象，图书馆就得考虑是否要对大量馆藏重新编号了。要解决这些问题，图书馆目录应该总是能用来检验资料的正确位置。

分类方法

图书馆使用的分类系统很多，用户需要熟悉其中一种或多种。从著名的杜威十进制分类法（DDC）和美国国会图书馆

(LC)分类系统,到某个图书馆独家使用的内部分类方案,分类方法五花八门。杜威十进制分类法和美国国会图书馆分类法用的都是分级排列,由笼统到具体。

杜威十进制分类法

在这种分类系统中,使用基于十大类的系统对知识进行划分。由于一个主题中包含更多细目,所以分类号要添加数字,最终由最多三位数字加上小数点以及小数点后任意多位数字组成。例如,第 21 版杜威十进制分类法将白血病病况置于 362.19699419(偏重医疗服务)或 616.99419(偏重医学与健康)。

主要门类为:
0 计算机科学、资讯及总类
1 哲学与心理学
2 宗教
3 社会科学
4 语言
5 科学
6 技术
7 艺术与休闲
8 文学
9 历史与地理

这些号码并非像数学中的数字那样运算。比如,编号 42(是四二,而不是四十二)会按照次序出现在编号 401(是四零一,而不是四百零一)之后。检索某份资料时,应该依次使用每个数字。

美国国会图书馆分类法

美国国会图书馆分类法依据的是用字母表上 21 个字母将主题分为不同领域:

A 总类
B 哲学、心理学、宗教
C 历史学与相关科学
D 历史总论与欧洲史
E 美洲史（美国）
F 美洲史（包括英属、法属、荷属美洲和拉丁美洲）
G 地理、人类学、休闲
H 社会科学
J 政治科学
K 法律
L 教育
M 音乐及音乐论著
N 美术
P 语言与文学
Q 科学
R 医学
S 农业
T 技术
U 军事科学
V 海军科学
Z 书目、图书馆科学、信息资源（总论）

每一类别又分为子类，如美术：

- NA 表示建筑
- NB 表示雕塑

接着添加数字表示更为细化的主题，如：

- NA1995 建筑业
- NA7100—7884 国内建筑、房屋、住宅

分类系统的变体

有些图书馆采用现成的分类系统以满足自身需求,而有些创建了自己的系统。有些系统经过发展,为特定学科领域服务,如科茨(E. J. Coates)的"大不列颠音乐分类目录"或伊丽莎白·莫伊丝(Elizabeth Moys)开发的用于法律图书馆的"莫伊丝分类系统"。

资料的排架号除了分类号之外可能还包括一个后缀,这个后缀可以是作者名字或书名的头三个字母,以进一步排序,尤其是当同一个类别号码之下有许多资料时。

分类号可能会很长、很复杂、很难记。因此手头要一直带着纸笔,以随时记下所需资料的编号。

不相连藏书序列的使用

分类系统本可以使图书馆将其所有馆藏从头到尾按顺序上架,但实际上很少出现这种情况。图书馆馆藏通常包括许多较短的序列,可以是一个主序列再加上以下合集:

- 仅供短期借阅或查阅的资料
- 视听材料
- 为节省空间而放在一起的大开本或对开本图书
- 官方出版物
- 统计数据
- 特殊馆藏或善本
- 报纸

图书馆目录应包含资料实际位置的信息,包括该资料上架所在的序列。核对要仔细,因为在错误的地方找资料会浪费大量的时间和精力。

特殊馆藏

许多图书馆藏有经年累月得来的馆藏,这些馆藏各具特色。

比如,可能是某位收藏家遗赠的早期版本,某个特定主题领域的一系列图书,古老珍贵的手稿,某个特定学者或作家的著作等。这些特殊馆藏往往在主要馆藏之外分开上架。它们可能会闭架借阅,而图书馆的其他部分则是开架;还可能需要某些额外的借阅手续,如研究者所在图书馆的介绍信,或只许在图书馆内某个特定区域使用。去图书馆要求查阅特殊馆藏前,要弄明白各种特殊约定。

图书馆使用的其他编号

除了排架号之外,图书馆还使用其他许多编号系统。

资料号

分类号或索书号不应与资料号混淆。图书馆通常为每份资料指定一个独一无二的识别号,用以识别某部著作的某一本。比如,某家图书馆可能藏有 8 本唐纳德·J. 舒梅克(Donald J. Shoemaker)的著作《少年犯罪理论:少年犯罪行为原因调查》第四版,所有这些书很可能用了同一个分类号,但每本都有一个独一无二的识别号,往往是条形码。

ISBN 和 ISSN

大部分书目会包括专著的 ISBN(国际标准书号)与期刊的 ISSN(国际标准期刊号)的详细情况。它们是归属每份资料的唯一号码。

1　ISBN

- 同一著作形式不同(如精装、平装)、版本不同(初版和后来的版本、国际学生版等),ISBN 也不同
- 由一组十位数字组成(最后一位有时候代以字母"X"),如:0 099075181 X
- 2007 年 1 月实行新方法,将 ISBN 增至 13 位,如:978 0-335-21684-0

- e－ISBN 往往分配给电子图书

2 ISSN
- 每种期刊对应唯一的 ISSN
- 期刊出版物各期的 ISSN 相同
- 包括两组四位数字,用连字符隔断,如:《物理学进展》ISSN 0001-8732
- 最后一位数可能是字母"X"
- e-ISSN 往往分配给电子期刊

如果某份资料没有 ISBN 或 ISSN,图书馆会安排一个自己的管理号,以识别该资料。

图书馆目录的使用

图书馆目录是图书馆馆藏各种形式资料的列表,每部著作都有一个书目著录,包括该著作的目录资料(或其他内容)详情。大多数大中型图书馆从以前的卡片索引,经由缩微胶片或其他形式,发展到现在的联机公共目录查询系统,通常称作 OPAC。该目录是用户打开图书馆的钥匙——它提供了一条发现图书馆馆藏以及每份资料状态与位置的路径。无论使用哪种系统,研究者都应确保自己有能力有效使用图书馆目录。

有些历史悠久或小型的私人馆藏也许用的是打印出来的目录,而不是 OPAC 或其他电子数据库。假如资料提供者的目录只能获取印刷版,那就应该获取复印件,或访问该馆藏以查看目录。

OPAC

只要有互联网接口,任何地方都可以访问网络 OPAC。按惯例,此类 OPAC 允许开放存取,也就是说,无需密码。虽然这无法担保用户对图书馆所藏资料的访问权,但这是必不可少的查找工具。

虽然 OPAC 价值无限,但不能对参考书目数据库(见第 6 章)进行精确检索。这意味着它们提供信息的能力有限,知道这些局限非常重要。OPAC 上存储的信息取决于书目著录的质量。

OPAC 上包含的信息

使用 OPAC 可能找到下列信息:

- 资料的书目(或其他)说明
- 资料的份数
- 资料的位置
- 资料的状态(如借给其他用户、已预订、尚无存货)
- 所藏期刊的详情
- 借阅者个人记录
- 阅读书目信息,即包括该资料在内的详细阅读书目、授课教师姓名及获取该教师的完整书目

专业图书馆的 OPAC 可能也包括如下信息:

- 绑定信息
- 历史资料的出处与所有者详情
- 与该资料相关的其他人详情,如印刷商和书商

电子资源全文的链接

联机目录在链接电子格式方面非常有用。图书馆工作人员可以经常轻松地从该目录浏览电子著作的全文。用户只有满足以下条件才能获取这些资源:

- 获取资格
- 需要时能提供正确的用户名和密码

- 用来访问该目录的计算机未与"仅使用目录""捆绑在一起"

出版物的印刷版和电子版可能会有出入。用户应该像对待印刷版一样查阅电子藏品。

什么是书目著录？

书目著录是对著作的介绍。结构完整的著录里应出现标准详情，能让用户用一些关键词（如作者）识别并找到特定著作。

书目著录包含的信息

一本图书的书目著录可能包括以下内容：

- 作者
- 著作名
- 版次
- 出版详情
- 外形著录（大小、页数等）
- 丛书信息
- 注释（如"上一版 1989 年出版"）
- 排架号和 ISBN

设计著录应便于用户查找。因此，它可能还包括共同作者、作者名字其他拼法等信息。图书馆使用作者规范文件，这样，同名的不同作者的作品就不会混淆。书目著录可能包含该资料的主题词表（见下文）。

主题检索

书目著录里的主题词表可能来自核准过的列表，确保一致（既是图书馆内一致，也是图书馆之间一致）。例如，美国国会图书馆主题词表（LCSH）已经成为国际标准，并收入大英图书馆的目录著录。另一个广为采纳的主题词表系统是美国国立医学图书馆开发的 MeSH（医学主题词表）汇编。用户可以利用受控词汇在其所需主题中检索资料。专业图书馆的主题词表可能包括 ACRL（大学与研究性图书馆学会）善本与手稿部（RBMS）的术语等其他信息。

通用参考文献记录

理想状态下，每个出版物，不论是图书、传单还是网站，都应附上完整的参考书目说明，但事实并非如此。大多数**短期**出版物和**灰色文献**在出版时并没有相关的记录，因此就难以找到这些资料。

图书馆目录检索

完善的书目著录为用户提供了大量检索接口，这取决于其可用信息。用户可能知道他们想检索资料的全部详情，他们可能想找出图书馆就某个特定主题领域的馆藏，或想要找到同一作者的众多作品。注意到这些不同的检索选项，选择最合适的选项，这样就会高效便捷地检索书目。对于所有检索而言，查看帮助主题可以找到最有效的检索路径。帮助主题里可能会有短语检索、**禁用词**使用的建议、缺省设置以及其他帮助（见第 6 章）。

选择合适目录

虽然许多大型图书馆只有一个目录，所有馆藏均列在上面，但小型图书馆和专业图书馆可能会提供许多不同目录。比如，伦敦图书馆[1]目前有单个目录：

- 在线计算机目录——收录 1950 年以来获取的大多数资料
- 印刷与卡片目录——收录 1950 年以前获取的资料以及 1950 年至 1983 年间获取的、在线目录尚未包含的资料访问伦敦图书馆时应注意,该馆目录是按照获取资料时间而非资料出版时间排列的。该馆正在进行一项大型工程,将其所有著录转换为在线目录。

除了主要目录外,图书馆可能还建有子目录,以让用户限定检索范围,如限定检索期刊或视听材料。这个工具很有用,可以减少无效检索结果的数量。大英图书馆[2]提供了两种检索选项,可以查找仅在馆内阅览的资料,或者查找通过文档供应服务获取的资料。

目录里可能有其他资源的详情,也可能没有,如:

- 电子资源:可能单列在表上或网页上
- 历史文物可能未列入

按作者检索

作者检索选项通常允许使用编辑的名字。冷僻的姓可以单独检索,结果的数量可控。用大众化的名字检索很少能奏效。可以使用作者姓名的缩写或首字母缩小检索范围,但要留意,书目著录也会包含资料中出现的作者姓名。对单个作者,不同的著录中,姓名写法也不一样,如:

- Lawrence, D. H.
- Lawrence, David Herbert
- Lawrence, David
- Lawrence, D.
- Lawrence, David H.

用大英图书馆综合书目检索此例,会生成表 A1.1 中所示的结果。

表 A1.1　用作者名检索示例

检索词（作者字段）	命中结果数
Lawrence	21 132
Lawrence,D. H.	1 018
Lawrence,David	122
Lawrence,David Herbert	1 467
Lawrence,D.	1 271
Lawrence,David H.	1 552

出处：大英图书馆综合目录作者检索，精确词组，2006 年 4 月 7 日

总是有可能出现以下导致作者名拼写错误的因素：

- 检索者得到的细节错误
- 同音字，如：Pierce/Pearce
- 外国人音译成英语时可能有不同拼法，如：Tchaikovsky/Tchaikowsky/Chaikovsky
- 检索者输入有误
- 用连字符连接的名字（如：Al—Amin）
- 编目者方面出错

网络目录可能会有作为链接的作者名。点击该链接，会检索到同一作者其他作品的著录。

关键词检索

这种检索方法查找著录中或仅在标题中的任意词（视书目而定）。应选择一到四个词作为关键词；词越罕见，检索到的结果越少。关键词检索可以用来查找特定资料或用作主题检索。假如关键词检索只查找标题里的词，就检索不到话题类似但标题里不含选定词的资料。如果检索功能的缺省设置是"AND"，添加更多关键词就会缩小检索范围（见第 6 章）。如果某个资料的标题里有所查关键词，就很可能是相关资料。

有些目录在检索中自动收入复数形式和多种拼法；检索前

请核对。

作者名/关键词检索

用户如果知道想要查找的出版物,"作者名/关键词"选项是可靠的检索法。两个字段的组合对于列出某位作者就特定话题的其他作品很有用处,有助于发现同一作者在同一领域的其他作品,但上述关键词检索与作者名检索的附加说明也同样适用。

标题检索

标题检索能让用户只检索他们想要检索的资料,但不足之处在于,除非检索问询与书目著录里的标题吻合,否则就检索不到该资料。使用标题开头三四个词检索往往就够了。有些书目能进行"标题/关键词"检索字段组合。大英图书馆公共目录和COPAC[3](大学研究型图书馆联盟联机公共目录查询系统)联合目录的标题检索字段就认可标题里的关键词。

主题检索

综合主题检索取决于包括可靠主题信息的著录。主题标目的使用可以各不相同。例如,一份资料用的是美国国会图书馆主题标目,而另一份资料用的是另一套不同的术语。此类检索对于检索话题类似但标题里未必有选定检索词的著录非常有用。

网络目录可能会有作为链接的主题标目。点击该链接,会检索到同一主题标目的其他著录。

分类检索

分类检索用于检索同一分类号下资料(因此这些资料可能包含类似主题)的著录。它检索不到不同分类号下主题类似的资料。

ISBN/ISSN 检索

此类检索会查到精确匹配的资料和可能未设置关联的著录。例如，用 ISBN 0335193978 进行检索，会查到奥娜与斯蒂文斯的平装版著作《为研究管理资料》（如果图书馆有该书这种版本的著录）。假如 ISBN 号以某种方式设置了关联，就只能查到精装版（ISBN 0335193986）的著录；假如著录未设置关联，图书馆可能拥有一本用户想要的这本书，但从书目上查不到详情。检索资料的不同版本也是如此。

限定检索

有些书目允许为检索设置限制，这样用户就可以更有针对性。限制包括：

- 选择具体位置
- 检索子目录（见上文）
- 出版时间（具体年份或年代范围）
- 出版社详情
- 语言

拼写、缩写、标点

见第 6 章。

目录里其他可用信息或服务

图书馆目录提供给用户的功能多样。下面阐明一些更常见的功能。

标题的更多信息

屏幕上显示的信息并不总是目录上作品的全部详情。可能会有选项显示"完整记录"之类的其他详情。

借阅类型

许多图书馆使用了许多不同的借阅类型,如普通借阅(或长期借阅)、短期借阅、馆内阅览(有些资料不能外借)。请查看书目上的此类信息,因为不同借阅类型的资料可能上架位置不同。

资料数量

用户能确定图书馆馆藏某部作品的数量,以及可借阅的数量。

到期时间

假如某份资料已经借出,就会给出到期归还的时间。这有助于用户决定是否有必要预约借阅(见下文)。

预约和保留资料

联机公用查询目录通常允许用户预约某份资料,并让用户知道有多少人预约了这份资料。自己借阅的资料被其他用户预约,用户也可以知道(结果可能是这位用户不许再续借该资料了)。用户可以要求图书馆为其保留资料,待日后来取,但并非所有图书馆都提供这种服务。

状态:已订购/遗失/撤架

其他状态信息有:

- 已订购:图书馆已订购该作品,等候送达
- 遗失:图书馆原来有一份该资料,但已遗失
- 撤架/删除:图书馆原来有一份该资料,但已撤架(原因很多,如破损、为新书腾地方等)

馆际互借

有些图书馆通过其图书馆管理系统运行某个系统,让符合条件的用户经由馆际互借索取资料。该服务需提供签过字的版权协议。

借阅者个人信息

图书馆用户能通过联机公用查询目录获取借阅者的个人记录。该服务允许他们查看：

- 已借出的资料
- 已借出资料的到期时间
- 是否有其他人预约已借出的资料
- 续借资料

获取借阅者记录可能要个人用户名和密码。

目录上用户找不到的内容

虽然许多书目规模庞大，但还是有些信息无法用目录查看。这些信息包括：

- 当前资料借阅者的详细情况，图书馆不会向其他人透露用户的详细情况
- 十分钟前归还、等着上架的图书的信息
- 有人把资料上错架，用该资料正确的排架号无法找到
- 被其他人拿去复印或查阅的资料

还可能包括：

- "内部"参考资料，即某部作品里每个章节的详情
- 期刊里每篇文章的记录
- 音乐 CD 或唱片的每个内容（即单个曲目）

但有些图书馆会编制这些资料的详情。

其他类型的目录

本附录着重讲解了联机公用查询目录，但实际上还有其他

形式的图书馆目录。

卡片索引
用户要使用这种目录,需访问图书馆。通常有两种索引:作者索引和标题/主题索引。该索引应具有交叉检索功能。

印刷版目录
用户可以获取(免费或有偿)一份印刷版目录。此类目录可能很快要过时了。

缩微胶片
用户若要使用这种目录,可能需访问图书馆。其流通时间取决于缩微胶片翻印的频次。

参考文献
有些小型图书馆没有图书馆目录,但制作了参考文献,记录了图书馆所藏资料的某些内容。

附录二 资料来源的媒介

导　言

资料的媒介就是保存资料或数据的存储介质。早在电子存储出现前,就有了大量存储资料的媒介。人们可以追溯到远古的泥板文书和莎草纸,但本书主要探讨21世纪研究者常遇见的媒介。许多文档可以通过多种媒介获取,如《欧洲联盟L与C系列官方杂志》之类的期刊就有印刷版、网络版和光盘版(EU 2007b)。

本附录所讨论的媒介包括:

- 印刷媒介(文本形式,包括手稿、古籍、缩微版本、地图和图册)
- 电子媒介(不包括视听材料)
- 视听媒介(声音、图像、影像)
- 人工制品

注意事项

研究者应熟悉书籍与期刊的印刷版本之类最常见的资料数据存储媒介。有专业研究需要的研究者应熟练使用音乐录音、图像和地图等媒介。根据主题领域,要准备好查找多种不同媒介的资料,有些媒介有最新进展。应使用以下部分或全部标准检验每份资料:

- 时效性
- 易用性
- 可获取
- 便于内容检索
- 参考文献记录/描述
- 年限
- 价格
- 出版社的作用

运用上述标准,就会明白何以有些媒介会保存至今。而且经过年限检验,就可以解释为什么档案管理员不愿放弃沿用多年的成功经验而采用现代方法保存长期存储的资料。

印刷媒介/硬拷贝(文本)

专 著

专著是在单本或有限章节内完成的出版物。一本专著从构思到上架销售可能会耗费18个月左右的时间,要视内容、出版社和作者努力而定。在此期间,内容可能会过时或被代替,因此在收录电子资源的URL(统一资源定位符)和屏幕截图之类的信息时,作者要格外小心,这些信息到了专著出版时很容易就会被证明是画蛇添足。

关于书籍的消亡,已有很多说法。但这种情形不太可能成真,因为人们未必愿意在屏幕上阅读长篇文档,再加上书籍方便阅读、易于携带。尽管学术类作者可能喜欢在某些出版物中利用电子媒介的特征,书籍也依然是可行的媒介。如果某本书目前有印刷版且用户已知道关于它的参考文献信息,就相对容易获取。不再出版的书籍就麻烦了,尤其是那些古籍或珍本。另一方面,图书出版前往往会发布其详细信息,研究者会等候该书出版,而数月后才发现,出版计划已经取消了。

外文书刊可能会带来麻烦:求助专业图书供应商能如愿以偿。假如参考文献内容不全,人们可以参考外国国家图书馆的书目或出版社网址。互联网让该领域受益匪浅,网上检索往往可以找到出版社的有用信息或世界某个角落的馆藏。

研究者应查对图书近年来出版的新版本。优秀的书刊会经常修订或更新。但要获取此类书刊的早期版本就困难了。如果出版社印数较少,有些书刊就会很快绝版。

按需印刷是保存书刊的一种方式,尤其是那些读者群少的常销书刊。这种方式可以便捷地访问先前以为已经绝版的重版书目或书刊。如今,虽然网络书商在其当前目录中收录了按需印刷的书刊,但这种做法尚未普及。只有当客户乐于下载大型文档或出版社采用该技术出版书籍时,按需印刷才会流行。另外一个有前景的做法是,客户通过按需印刷选择购买书籍的某个章节而非整本书籍。

传统的专著检索功能是依靠索引实现的。精心编制的索引能使读者在文本内找到感兴趣的主题。显然索引不能列出文本中每个单词或词组(即便是下文介绍的电子书也不能),而且使用索引需要读者在选择合适的词语时具备某种技巧。

正规出版社的专著通常都有国家图书馆提供的书目著录。这些著录考虑到可靠的编目,因此易于查找检索。灰色文献和短期出版物(未通过正常商业渠道出版的作品)会出现缺少书目著录的问题,会导致难以发现及获取这些资料。

印刷资料只要妥善保存管理,完全可以长期收藏。精装本出版物比平装本和简装本更耐久，不过它们都能长期保存。想要查阅珍稀史料的读者，应采取正确的防护措施，如使用合适的书托或戴上手套。

出版社出版作品总是要冒风险的，出版前，出版社会设法了解关于作品内容的评价以及对市场进行评估。有些由作者出版的书刊以及类似书刊未经过评估阶段，因此读者应当留意作品的"身世"。

专著包括教科书、小说、学术著作、百科全书、词典、（为纪念某位学者而出版的）纪念文集、手册等。

系列出版物

美国国会图书馆的霍金斯（Hawkins）和海伦斯（Hirons）将术语"系列"定义为

> 以一系列自成一体的分册发行、通常有编号的连续性资料，未预先确定结尾。系列出版物包括期刊、杂志、电子期刊、系列手册、年度报告、报纸和专题论文丛书等
>
> （Hawkins and Hirons 2002）

与专著相比，系列出版物通常包含更新的资料：从构思到出版可能仅用几个月时间。即便如此，研究者也应注意时间上的滞后。而日报出版间隔仅有一天（或更短）。

获取印刷版系列出版物的方法很多。研究者所在地的图书馆里，可能收藏了某个特定学科领域内大量重要期刊，而要获取及回溯不太重要的或外语类书刊可能就难多了。图书馆里往往会出现这种情况，某些书刊乃至某几期的查阅次数多于其他书刊，这些资料很快破旧了。和任何印刷版资料一样，这些资料易遭损毁，许多研究者对藏本遗失感到失望。此类问题通常可以弥补，但会给用户带来不便。

系列出版物的每一本都有编号或日期，可以汇集成卷。图书馆会将一批单期书刊集成一整卷，送去装订成单本精装资料。

这个过程具有破坏性，因为有时会有书刊从图书馆遗失。

很多期刊出版物会有印刷版的内容索引，往往附在卷末或年终期刊。和专著一样，索引的用途取决于索引编制者以及用户的水平。可能会有涵盖所有卷次的总索引。大多数网上数据库在其内容中收入了印刷版书刊的详情，可以用来查找参考资料内容。大多数学术期刊要求每篇文章要提供摘要。有时候这些摘要会单独出版。

系列出版物有时会更改标题。这样会在查找资料时造成混乱，用户可能无法确定那些资料是不是自己要找的资料。常常会遇到系列出版物标题缩写的情况。为了弄清全称，可以使用三卷本《期刊标题缩写》之类的出版物，该出版物有着按缩写和期刊名排列的条目（Alkire 2006），或者使用《期刊缩写资源》(McKiernan 2004)之类的网上资源。

出版社、图书馆和学术机构之间当前热议的话题是学术期刊的订阅费用。订费涨幅通常高于通胀率，这影响到图书馆的预算。个人订费通常少于单位订费。

许多学术期刊要经过专家评审。这个过程包括出版前将投稿送给学科专家进行评价。正是这一过程使得读者对文章的学术价值产生信任。研究者应该了解所查阅的期刊是否有专家评审环节，这应该成为评估内容价值的因素。

会 议 资 料

与会议、会谈或研讨会相关的出版物包括预印本、会议公报和会议纪要。这些出版物可以称为灰色文献（见下文）。

预印本往往在会议前或刚开始时出版，是当前进展工作的珍贵记录。随着会议进展，会议文献接受评估，并作为会议公报或会议记录发表。因为会议发言人会提交有关其当前工作的论文，因此这些成为研究者想要掌握同自己所选定学科领域最新动态的重要来源。根据主办方对会议的安排，会议公报可以在会后很快获取并易于查阅。可惜并不总能做到这样，因为有些资料要过了很久才会出版，还有些资料只能在会议当场使用。

由于这些问题,再加上可能没有文献题录,会议文献可能难以获取。出版社往往是专业性团体,如 IEEE(电气与电子工程师协会)、AES(声频工程协会)、BMA(英国医学会)或皇家历史学会等,而非大型出版社。

通过《会议资料索引》(剑桥自然科学摘要提供)、《科技会议公报索引》(来自 ISI 知识网络)和大英图书馆的 ZETOC[1]之类的索引可以检索会议公报。此类检索多以电子形式出版。有时,作者和资料标题的详细情况也可以在会议网站上找到。

手稿与古籍

手稿包括信件、诗歌和小说原稿、笔记、日记等内容。古籍是指早期印刷的书籍,通常是十六世纪前。所有这些资料都难以查找查阅。大英图书馆有早期印刷品馆藏以及简明古籍目录(ISTC),收录了全球藏品所在地。查找这些资料的关键在于确定哪些藏品有着相关学科领域的馆藏。因其特性,查阅条件可能会很严格。拥有此类资料的馆藏可能包括档案、私人收藏、学术团体收藏等。

灰色文献与短期出版物

灰色文献包括通过书商之类常规渠道不易识别、不易获取的出版物。灰色文献的类型有:

- 会议公报(见上文)
- 论文
- 公司报告
- 某些官方出版物
- 发表前的研究论文
- 地方记录

这些类型的出版物通常都没有相关的书目著录或 ISBN,缺乏此类信息意味着难以获取这些出版物。

短期出版物是那些一次性或单页出版物,但不应被视为劣质出版物。《简明牛津词典》将"短期"一词定义为"持续时间很短或使用时间很短;短暂"(Allen 1991:393)。因此,确认和查阅这种资料有难度。虽然它们并非学术文献,但构成了研究者信息来源的重要部分。短期出版物包括:

- 宣传册
- 营销或推销材料之类的传单
- 表格

这些出版物的制作往往毫无记录,特别是在公共领域。短期出版物很可能是"一次性"的,不留副本。

近年来,图书馆开始意识到这类资料和馆藏的缺失,开放存取典藏为改进短期出版物的查阅与存储铺平了道路。广泛使用短期出版物的一个例子是由 JISC 资助的牛津大学约翰·约翰逊资料集数字馆藏(1508 年到 1939 年间的资料)。

这些文献的出版社可以是任何大型组织、政府单位、商业公司或个人。多数短期文献可能已经遗失。许多文献免费供应,而有些可能只有某个组织内部的成员才能获取。

地图与海图

地图与海图范围很广,图书馆收藏时可能会进行取舍。这类资料难以储存:巨幅地图需要平整的大抽屉,地图册体积过大,难以处理,历史地图可能需要特殊归档条件。有些情况下,时效性至关重要;而有些情况下,历史资料具有价值。制作地图会依据各种标准,研究者需要考虑一下某个或全部因素:

- 日期
- 比例尺
- 地形图

- 地质图
- 土地使用情况图
- 地图册(道路地图册、人口地图册、历史地图册等)
- 地图是否由国家测绘机构制作

试图查找、获取外国地图或历史地图时可能会遇到麻烦。地图册里可能会有索引,检索者可以据此找到特定页面或地图资料,但地图通常没有索引。

编目者应当遵循制图方针,而这取决于编目者的水平。利用目录检索地图与海图时,研究者应具备某种横向思维能力。

地图可以由英国国家测绘局之类的国家测绘机构制作,也可以由英国地质学会之类的专业机构或商业性出版社制作,然后存储在皇家地理学会[2]图书馆之类的专业性图书馆。越来越多的地图以数字形式出版(如由英国地质测绘局[3]制作),用户应注意不同的资料存储方式,如像素图和矢量数据,还要注意是否需要 GIS(地理信息系统)之类的专业软件。专业地图可能价格昂贵。

缩 微 资 料

- 缩微胶卷、缩微胶片和缩微相片(及缩微卡片)都是缩微资料,都是以缩减形式存储文档图像的方式。
- 缩微胶片是 15 厘米×10 厘米(6 英寸×4 英寸)的单张胶片,可以存储约 100 页缩小 24 倍的页面。
- 缩微胶卷有两种尺寸:16 毫米和 35 毫米。
- 缩微相片(及缩微卡片)不太常用。图像存储在一张硬卡上。

缩微存储媒介制作成本较为低廉,有望长期保存,因此一直是保存不应触摸、年久失修或印数有限的珍稀资料之类文档的常用方法。因为费用低,有时用缩微资料来保存索引和其他需要更新而经常再版的信息。对于图书馆和机构还有个好处:缩微资料占用空间很少。

所有这些缩微形式都需要使用专门的阅读设备才能让用户查看资料。许多图书馆都有缩微胶卷(缩微胶片、缩微相片)阅读设备,有些还提供了阅读/打印设备,用于打印这些文档。和影印一样,这项服务也可能要收费。这些设备操作简单,但假如前一位用户操作不当弄坏卷轴上的胶卷的话,按正确方向装上缩微胶卷就有难度了。对于电脑视频显示装置(VDU)来说,难以在一块屏幕上阅读大量材料。因为它们是图像,而不是电脑可识别的数据,因此要用索引来检索(假如有索引的话)。

可以存储为缩微资料的内容有:

- 报纸(如大英图书馆报纸合集)
- 图书(国会图书馆[4]有大量合集)
- 珍稀文献或历史文献(如中世纪手稿、作者原始手稿、笔记或通信)
- 索引和参考资料
- 历史记录或历史、谱系社会资料
- 许多其他一手资料(如国会文件与内阁会议纪要)
- 论文(如大英图书馆文献供给中心保存的论文)

虽然许多图书馆收藏了缩微资料,但用户要知道这些资料是如何在目录上标明的。RSLG 对英国高等教育机构的缩微资料进行了调查,得出结论:"调查清晰显示,此类资料的记录不够完善,而且前后不一。这种类别的资料不能通过 OPAC 统一检索。"(Feather 1999:17)

许多研究型图书馆拥有缩微资料和相应的阅读设备。大英图书馆和国会图书馆拥有大量缩微媒介资料藏品。

电子媒介(不包括视听材料)

这里介绍的常用电子媒介包括:

- 基于网络(在线)的资源
- 光盘
- PDF(便携文档格式)、文字处理、电子数据表和数据库之类的格式
- 软盘
- 印刷格式的电子版(如电子期刊)

电子媒介的资料来源有大量好处:

- 它们可以保持更新,特别是网络资源,有时可以按小时更新(如斯威特和麦克斯维尔出版社的Westlaw之类的法律数据库每天更新三次,这样用户就可以访问最新信息)
- 使用合适设备和许可,可以从世界任何地方访问众多电子资料
- 检索内容灵活
- 几乎不用占用物理存储空间(除了必要的硬件)
- 通过链接可以从内容直接访问其他资料、多媒体出处和相应网站

不过,此类资料的状况并不像当初那么称心如意。互联网资源可能是最新的,但这要取决于出版社定期更新。假如时效性出了问题,用户可能会对其可靠性丧失信心。光盘资料或许只能逐月乃至逐季更新,因此并不总是最新的,特别是到了更新周期结尾时。

许多电子媒介设计得直观易用,就连不熟悉的用户也能使用。其界面形式多样,有的一步步指导用户,有的会让新用户感到棘手。使用中有时会出现莫名其妙的不便。图书馆工作人员会帮助使用电子资源。

访问电子资源取决于三个因素:

- 验证与授权

- 地址（IP［互联网协议］验证）
- 硬件与软件

虽然有些电子资源可以免费获取（如 Intute[5]之类的服务），但有些需要验证，通常是以用户名和密码的形式。如果没有正确验证，用户就无法访问该资源（见第 2 章）。互联网资源往往可以从世界任何地方通过互联网接入获取。严格按 IP 地址进行验证使用的资源只能从有合格地址的电脑上获取。光盘资源往往仅在特定地点的网络中才能使用。

电子资源的一个实际好处就是能检索全文。做到这一点，取决于用户的技能和资源的架构。有些资源仅仅提供了最基本的检索功能，而有些则允许复杂的结构化检索。用户应该记住"垃圾进、垃圾出"这句格言，细心检索。

和硬拷贝资料一样，电子资源里的书目著录各不相同。用户试图查阅电子资源（见第 12 章）时往往会遇到麻烦：不能确定查询结果中该使用哪些资料，且（或）缺少所需资料。

光盘和 DVD 之类的电子媒介出现的时间还不够长，尚无法证明其耐久性。因为光盘 1982 年才面市，所以其存储的所有资料经长时间保存后是否仍能读取还有待证明。另一个大问题是，硬件或程序能否阅读存储的文件。将来 DVD 格式很有可能被目前尚未发明的其他媒介替代。图书馆往往会选择它们信得过的媒介保存资源的副本，这可以解释何以缩微资料依然吃香。

视听媒介

自从托马斯·爱迪生 1877 年为其蜡筒留声机申请专利以来，音频存储设备有了长足进展。记录保存静态图像与动态图像的方法也是如此。数字化时代的到来带来了巨大飞跃，产生了众多如今司空见惯的设备。

时效性对于视听录制品来说通常不成问题，因为它们往往是在某个特定时间对某个事件或演出的记录，或者是对某个艺术作品的记录。

视听资料往往构成特殊馆藏，例如国家声音档案馆（在大英图书馆内）。和印刷资料一样，珍稀、历史视听资料也很难获取。

音频或动态图像录制品的检索功能也会成问题。假如现代录制品内编制了检索者可以使用的某种形式的时间码，而且他们也知道想读取的时间点，那就万事大吉。乐谱可能有助于检索音乐录制品，但除此之外，还有赖于检索者的知识与耐心。静态图像可以组成一个带索引的集合，用索引就能找到特定图像。

假如保管够悉心，唱片、胶卷或照片的寿命会很长（虽然还没有超过百年左右的机会来检验这些媒介）。和其他电子资源一样，数码制品的存储时间尚不得而知。同样，重新播放也取决于是否有可用的合适设备。

有些较旧的媒介可以转录到更现代化的系统（例如，电影胶片可以转录为录像或 DVD）。在这种情况下，现代化的媒介可能易于存取，而原始版本可能在档案馆里维持理想状态。

使用这些资料的成本就是获取资料所需缴纳的费用。例如，国家声音档案馆按小时收费（制作拷贝的实际时间）。每次制作拷贝都会使质量递减，但现代转录技术大大减轻了这一问题。研究者制作任何拷贝都应遵守现行版权法律。

视听资料的出版社可能并不总是那么显眼。商业录制品的外包装和(或)产品上有出版社的标志，但识别不出名资料的出版社可能会出现问题。

保存视听媒介的图书馆可能也提供播放设备。用户也许能在 MP3 播放器上熟练操作，但使用盘式磁带录音机或唱片机就没那么有把握了。这就需要工作人员帮助用户使用这些设备。

每个产品，如光盘或唱片，可能收录了很多作品，但其目录并不总是包含全部内容，因此，检索者要查找肖邦的《幻想即兴曲：作品第 66 号》，可能不会发现名为《世界伟大钢琴家系列：亚瑟·鲁宾斯坦》的光盘上就有这部作品。

人工制品

人工制品可以是任何物品,图书馆可能会选择收藏,尽管有些物品更应在博物馆收藏。寻找人工制品的研究者需要查看详情来找到它的位置,如博物馆或图书馆的目录。目录著录应包含描述性信息,还可能带有物品的图片。

人工制品包括一大批形式,如:

- 标本(地质标本、医学标本等)
- 玩具
- 教学器材(如幼儿园使用的教学器材)

研究者需有特别许可才能查看或触摸人工制品,而且很可能要亲自去图书馆或博物馆。

人 物

人们不应当忽视这种宝贵的资料存储形式。无论是某个领域的专家,还是同事,抑或公共人士,研究者都要经常利用其知识(或见解)。探听信息需要细心与耐心,研究者要有某种方式来存储收集到的资料,可以是录音机、采访笔记或调查问卷等。

要点

- 熟悉所用媒介的优劣
- 知晓获取某些媒介的困难并相应规划研究

术 语 表

摘要	一篇文章的概述。
适当的版本	当前状况中对于用户最合适的版本。
阅读鉴定	用于验证用户使用权的鉴定服务。许多信息提供者都支持阅读鉴定。
逻辑运算符（或连接符）	以一位19世纪的数学家制定的逻辑原理为基础的一种方法：AND,OR 和 NOT。
索书号	每个资料的指定编号，用户通过该编号找到资料。（参照分类号和排架号）
目录	图书馆馆藏清单。提供方式可能是纸版的，或是可以在线查看的。
书目著录	目录中所含著作的信息。
分类系统	以主题为依据将资料进行分类，同类的放于一处。
分类号	每个资料指定的编号，由分类表确定，能有序上架和查找。（参考索书号和排架号）
闭架取阅	资料一旦收入馆藏后，用户不能擅自取阅，而是由图书馆管理人员负责将用户需要的资料找到并交给他们。
合集	指图书馆馆藏的集合书目。一个图书馆可能有多套独立的合集。
同时使用人数	同时使用同一资源的用户人数。
数字典藏	参照典藏。

论文	学院教学资源中的必备出版物。
文件传递/供应	从外地获取文件。
电子书	图书的电子版或电子修订版。可以是印刷版的扫描件,也可以是原创数字化出版物。
电子印本	通常是期刊文章的电子版。可以是预印本(提交前),也可以是后印本。(经过提交,并含有提交过程中的各种改动)
电子资源	电子格式提供的任何信息。常见资源包括电子期刊、在线数据库和光盘。
短期出版物	传单之类或未正式出版的出版物,出版时无书目著录。
免费获取	用户无须支付费用便可以获得使用权。
灰色文献	通过非正式渠道出版与获取的出版物,出版时无书目著录包括:论文和会议记录。
馆际互借	通过其他图书馆(非本地)获取图书的途径。
单本	一部著作中的一册/一本。
许可证	用户(通常是某一机构)与服务提供者(通常是电子资料库)之间的协定。许可证中的一部分内容有关用户的使用权限。
借阅权限	用户一次可以借阅图书的总数以及借阅时间。到期必须归还。
缩微复制	需要放大才能阅读的文献的格式。
开架取阅	图书馆用户自己可以从开放书架上或电子资料库中获取所需资料而不受限制。
查询词	检索用的词。
典藏	研究著作的电子资料,包括预印本、专家审核后印刷本、书目提要信息和其他资料。可能是允许开放取阅的。
连续出版物	连续发表,编号(或年代排列)没有最后期限的出版物。
排架号	每个资料指定的数字或字母,可以检索。可能包括其他符号及分类标号。参照分类号和索书号。
非法词	检索功能不许使用或会忽略的常用词,因为它会产生太多结果。如 the、of、for、that。

订阅费	索要服务或资料的费用,通常有订阅时限。
博士论文	博士生研究成果出版物,博士学位授予时递交的论文。
著作	作者或创作者的作品,比如托尔斯泰的《战争与和平》,或穆索尔斯基的《图画展览会》。

参 考 文 献

注：所有网址于 2007 年 7 月 8 日、9 日核对过

Abbott, D. (2003) Overcoming the dangers of technical obsolescence: rescuing the BBC Domesday project, *Digicult.Info*, August, 4: 7–10. Available at: www.digicult.info/pages/newsletter.php

Alkire, L.G. (ed.) (2006) *Periodical Title Abbreviations*, 17th edn. London: Thomson Gale.

Allen, R.E. (ed.) (1991) *The Concise Oxford Dictionary*, 8th edn. Oxford: Oxford University Press.

Andrew, T. (2003) Trends in self-posting of research material online by academic staff, *Ariadne*, 30 October, 37. UKOLN: Bath. Available at: www.ariadne.ac.uk/issue37/andrew/

Armstrong, C.J., Lonsdale, R.E., Stoker, D.A., and Urquhart, C.J. (2000) *Final Report – 1999/2000 Cycle*, JUSTEIS JISC Usage Surveys, Trends in Electronic Information Services, August. Aberystwyth: Department of Information Studies, University of Wales. Available at: www.dil.aber.ac.uk/dils/research/justeis/cyc1rep0.htm

BBSRC (2006) *BBSRC's Position on Deposit of Publications*. Swindon: Biotechnology and Biological Sciences Research Council. Available at: www.bbsrc.ac.uk/news/articles/28_june_research_access.html

BBSRC (2007) *Areas of Science*. Swindon: Biotechnology and Biological Sciences Research Council. Available at: www.bbsrc.ac.uk/science/areas/Welcome.html

Berman, F., Fox, G., and Hey, T. (eds) (2003) *Grid Computing: Making the Global Infrastructure a Reality*. Chichester: John Wiley & Sons Ltd. Available at: www.wileyeurope.com/WileyCDA/WileyTitle/productCd-0470853190.html

Berners-Lee, T., Hendler, J., and Lassila, O. (2001) The semantic Web: a new form of Web content that is meaningful to computers will unleash a revolution of new possibilities, *Scientific American*, May. Available at: www.sciam.com/article.cfm?articleID=00048144–10D2–1C70–84A9809EC588EF21&pageNumber=1&catID=2

BioMed Central (2004) *What is BioMed Central?* London: BioMed Central. Available at: www.biomedcentral.com/info/

BOAI (2007) *Budapest Open Access Initiative: Frequently Asked Questions*. Budapest: BOAI. Available at: www.earlham.edu/~peters/fos/boaifaq.htm#openaccess

Bradley, P. (2004) *Phil Bradley's website*. Available at: www.philb.com/

Bradley, P. (2008) *Phil Bradley's website. Phil Bradley, Internet Consultant.* Available at http://www.philb.com/

British Library (2004) *Reader Admissions*. London: British Library. Available at: www.bl.uk/services/reading/admissions.html

BSI (British Standards Institution) (1989) *Recommendations for References to Published Materials*, BS 1629: 1989. London: BSI.

BSI (British Standards Institution) (1990) *Recommendations for Citing and Referencing Published Material*, BS 5605: 1990. London: BSI.
Buzan, T. (2006) *Mind Mapping: Kickstart Your Creativity and Transform Your Life*. London: BBC Active.
Carroll, J. (2002) *A Handbook for Deterring Plagiarism in Higher Education*. Oxford: Oxford Brookes University.
Carroll, J. (2003) *Plagiarism: Is There a Virtual Solution?* (Based on an exercise in Academic Writing for Graduate Students by Swales and Feale, University of Michigan, 1993). Oxford: Oxford Centre for Staff and Learning Development, Oxford Brookes University. Available at: www.brookes.ac.uk/services/ocsd/2_learntch/plagiarism.html
CLA (Copyright Licensing Agency) (2007) *List of Excluded Categories and Excluded Works*. London: Copyright Licensing Agency. Available at: www.cla.co.uk/support/excluded.html
Connotea (2007) *About Connotea*. Available at: www.connotea.org/about
Creative Commons (2007) *About Us. 'Some Rights Reserved': Building a Layer of Reasonable Copyright*. Stanford, CA: Creative Commons. Available at: //creativecommons.org/learn/aboutus/
CURL (Consortium of University Research Libraries) (2003) *CURL Membership and Partnership Guidelines: Guidelines for Membership*. Available at: www.curl.ac.uk/members/guidelines.htm
Day, M. (2003) Prospects for institutional e-print repositories in the United Kingdom, *ePrints UK Supporting Study, No. 1*. Bath: UKOLN. Available at: www.rdn.ac.uk/projects/eprints-uk/docs/studies/impact/
DCC (2007a) *About the DCC*. Edinburgh: Digital Curation Centre. Available at: www.dcc.ac.uk/about/
DCC (2007b) *Welcome*. Edinburgh: Digital Curation Centre. Available at: www.dcc.ac.uk/
DOAJ (Directory of Open Access Journals) (2007) *About: Definitions*. Available at: www.doaj.org/
Dobratz, S. and Mattaei, B. (2003) Open archives activities and experiences in Europe: an overview by the Open Archives Forum, *D-Lib Magazine*, January, 9(1). Available at: www.dlib.org/dlib/january03/dobratz/01dobratz.html
DoH (Department of Health) and HMPS (Her Majesty's Prison Service) (2003) *A Pharmacy Service for Prisoners*, Prison Health Report. London: Department of Health. Available at: www.dh.gov.uk/assetRoot/04/06/57/07/04065707.pdf
DoH (Department of Health) (2007) *The National Research Register*. London: Department of Health. Available at: www.nrr.nhs.uk/
Dolphin, I., Miller, P., and Sherratt, R. (2002) Portals, portals everywhere, *Ariadne*, October, 33. Available at: www.ariadne.ac.uk/issue33/portals/
DPC (Digital Preservation Coalition) (2002) *Welcome to the Digital Preservation Coalition Website*. London: Digital Preservation Coalition. Available at: www.dpconline.org/graphics/index.html
e-Science (2004) *e-Science and Grid Definitions*. London: Department of Trade and Industry and the UK Research Councils, HMSO. Available at: www.escience-grid.org.uk/docs/gridtech/define.htm
ESRC (Economic and Social Research Council) (2007) *What is ESRC Society Today?* Swindon: ESRC.
EU (European Union) (2007a) Scientific information in the digital age: access, dissemination and preservation, SEC (2007)181. COM (2007) 56, final. Available at: http://ec.europa.eu/research/science-society/page_en.cfm?id=3184

EU (European Union) (2007b) *Official Journal of the European Union*, EU Publications Office. Available at: http://publications.europa.eu/official/index_en.htm

European Library, The (2007) Available at: www.theeuropeanlibrary.org/portal/index.html

Expert Information (2007) *Index to Theses*. London: Expert Information. Available at: www.theses.com/

Feather, J. (1999) *Survey of Microform Sets: A Report for Research Support Libraries Programme*. Available at: www.rslp.ac.uk/Studies/Feather.doc

Fisher, D. and Hanstock, T. (2003) *Citing References: A Guide for Users*, 5th edn. Nottingham: Nottingham Trent University. Available at: www2.ntu.ac.uk/llr/library/citingrefs.htm

Gadd, E., Oppenheim, C., and Probets, S. (2003) RoMEO Studies 1: The impact of copyright ownership on academic author self-archiving, *Journal of Documentation*, 59(3): 243–77. Available at: www.lboro.ac.uk/departments/ls/disresearch/romeo/Romeo%20Deliverables.htm

Granger, S. (2000) Emulation as a digital preservation strategy, *D-Lib Magazine* October, 6(10). Available at: www.dlib.org/dlib/october00/granger/10granger.html

Harnad, S. (2001) For whom the gate tolls? How and why to free the refereed research literature online through author/institution self-archiving, now, *ECS, Electronics and Computer Science*. Southampton: University of Southampton. Available at: http://eprints.ecs.soton.ac.uk/8705/.

Harnad, S. (2003) Open access to peer-reviewed research through author/institution self-archiving: maximizing research impact by maximizing online access, in D. Law and J. Andrews (eds), *Digital Libraries: Policy Planning and Practice*. Aldershot: Ashgate Publishing.

Hawkins, L. and Hirons, J. (2002) Transforming AACR2: using the revised rules in Chapters 9 and 12, workshop presentation at NASIG (North American Serials Interest Group) 17th Annual conference. Transforming Serials: The Revolution Continues, Williamsburg, VA, 20–3 June. Available at: www.loc.gov/acq/conser/

Hey, T. and Trefethen, A. (2003) *The Data Deluge: An e-Science Perspective*. Available at: www.rcuk.ac.uk/cmsweb/downloads/rcuk/research/esci/datadeluge.pdf

HMSO (Her Majesty's Stationery Office) (2003) *Access to Information*. London: HMSO. Available at: www.hmso.gov.uk/information/access_information.htm

Hodgson, K. (2002) Vulcan crosswords and dodgy deadlines, *Academic News*, Autumn. Available at: www.smlawpub.co.uk/academic/acad02.pdf

IALS (Institute of Advanced Legal Studies) (2002) *Current Legal Research Topics Database Project*. London: Institute of Advanced Legal Studies, University of London. Available at: http://ials.sas.ac.uk/library/clrt/clrt.htm

IFLA (International Federation of Library Associations and Institutions) (2005) *Library & Information Science: Style Guides for Electronic Resources*. The Hague: IFLA. Available at: www.ifla.org/I/training/citation/citing.htm

Information Services, Cardiff University (2004) *Cardiff Index to Legal Abbreviations*. Cardiff: Cardiff University Information Services. Available at: www.legalabbrevs.cardiff.ac.uk

Intute (2006) *Intute*. Manchester: The Intute Consortium. Available at: www.intute.ac.uk/

JISC (Joint Information Systems Committee) (2004) *Investing in the Future: Developing an Online Information Environment*. London: JISC. Available at: www.jisc.ac.uk/index.cfm?name=ie_home

JISC (Joint Information Systems Committee) (2007a) *Portals: Frequently Asked Questions*.

London: JISC. Available at: www.jisc.ac.uk/whatwedo/programmes/programme_portals/ie_portalsfaq.aspx

JISC (Joint Information Systems Committee) (2007b) *What We Do: e-Research*. London: JISC. Available at: www.jisc.ac.uk/whatwedo/themes/eresearch.aspx

JISC (Joint Information Systems Committee) (2007c) *What We Do: Programmes*. London: JISC. Available at: www.jisc.ac.uk/whatwedo/programmes.aspx

Johnston, W. (2003) The concept of plagiarism, *Learning & Teaching in Action*, 2(1). Available at: www.ltu.mmu.ac.ltia/issue4/johnston.shtml

Lawrence, S., Giles, C.L., and Bollacker, K. (1999) Digital libraries and autonomous citation indexing, *IEEE Computer*, 32(6): 67–71.

Legal Deposit Libraries Act 2003, c. 28. HMSO: London. Available at: www.opsi.gov.uk/acts/acts2003/20030028.htm

Lieb, R. (ed.) (2007) *Search Engine Watch*. London: Incisive Interactive Marketing LLC. Available at: www.searchenginewatch.com/

LSE (London School of Economics) (2007) *The Library*. London: British Library of Political and Economic Science. Available at: www.lse.ac.uk/library/

Lyon, L. (2003) eBank UK: building the links between research data, scholarly communication and learning, *Ariadne*, July, 36. Available at: www.ariadne.ac.uk/issue36/lyon/

MacColl, J. (2006) Google challenges for academic libraries, *Ariadne*, February, 46. Available at: www.ariadne.ac.uk/issue46/maccoll/intro.html

McKiernan, G. (2004) *All that JAS: Journal Abbreviation Sources*. Iowa: Iowa State University. Available at: www2.iastate.edu/~CYBERSTACKS/JAS.htm

MRC (Medical Research Council) (2006) *MRC Guidance on Open Access to Published Research*. London: Medical Research Council. Available at: www.mrc.ac.uk/Policy-Guidance/EthicsAndGovernance/OpenAccessPublishingandArchiving/MRCGuideforResearchersonOpenAccessPublishing/index.htm

NaCTeM (National Centre for Text Mining) (2007) *Frequently Asked Questions: What is Text Mining?* Manchester: National Centre for Text Mining, University of Manchester. Available at: www.nactem.ac.uk/

National Archives (2007) *ARCHON Directory*. Kew: The National Archives. Available at: www.nationalarchives.gov.uk/archon/

National e-Science Centre (2007) *Defining e-Science*. Edinburgh: National e-Science Centre. Available at: www.nesc.ac.uk/nesc/define.html

Notess, G. (2007) *SearchEngineShowdown: The User's Guide to Web Searching*. Available at: http://searchengineshowdown.com/

Office of Scientific and Technical Information (2007) *GrayLIT Network. About*. Oak Ridge: Office of Scientific and Technical Information. Available at: www.osti.gov/graylit/about.html

ONS (Office for National Statistics) (2007) *National Statistics*. Newport: ONS. Available at: www.statistics.gov.uk/

OPSI (Office of Public Sector Information) (2007) Home page, *Unlocking the Potential of Public Sector Information*. London: Office of Public Sector Information. Available at: www.opsi.gov.uk/

Ordnance Survey (2004) *Site Home Page*. Southampton: Ordnance Survey. Available at: www.ordnancesurvey.co.uk/oswebsite/

Orna, E. with Stevens, G. (2000) *Managing Information for Research*. Buckingham: Open University Press.

Palgrave Macmillan (2007) *The Grants Register*. Basingstoke: Palgrave Macmillan.

Paskin, N. (2003) DOI: a 2003 progress report, *D-Lib Magazine*, June, 9(6). Available at: www.dlib.org/dlib/june03/paskin/06paskin.html

Place, E., Kendall, M., Hiom, D. et al. (2006) Press release. Internet Detective – back on the case, 13 June, *Internet Detective: Wise Up to the Web*, 3rd edn. Available at: www.vts.intute.ac.uk/detective/

PLoS (Public Library of Science) (2007) *About PLoS: Missions and Goals*. Available at: www.plos.org/about/index.html

Raistrick, D. (1993) *Index to Legal Citations and Abbreviations*, 2nd edn. London: Bowker-Saur.

RCUK (Research Councils UK) (2002) *e-Science Core Programme Welcome: First Phase of the Programme*. Swindon: RCUK. Available at: www.rcuk.ac.uk/escience/default.htm

RCUK (Research Council UK) (2006) *Research Councils UK Publishes Update of Position Statement on Access to Research Outputs*. Swindon: RCUK. Available at: www.rcuk.ac.uk/aboutrcuk/publications/policy/20060628openaccess.htm

RCUK (Research Councils UK) (2007) *Welcome to Research Councils UK*. Swindon: RCUK. Available at: www.rcuk.ac.uk/

Reynard, K.W. (ed.) (2004) *Aslib Directory of Information Sources in the United Kingdom*, 13th edn. London: Routledge.

Richards, M.P. (2002). *The Evolution of Hominid Dietary Adaptations Linked with Environmental Changes: Extending the Record Beyond 100,000 Years*. London: Funding Council Research Grant, NERC. Available at: www.nerc.ac.uk/research/programmes/efched/results/richards.asp

RIN (Research Information Network) (2007) *About the Research Information Network*. London: Research Information Network. Available at: www.rin.ac.uk/about

RSLG (Research Support Libraries Group) (2003) Paragraphs 42 and 64, *Final Report*. London: HEFCE (Higher Education Funding Council for England). Available at: www.rslg.ac.uk/final/final.pdf

Rubinstein, A. (1998) CD recording of Chopin: Fantaisie-Impromptu in C Sharp Minor, Opus 66, *Great Pianists of the 20th Century*, Philips Classics 456 955–2, track 5, first recorded 1964.

SARA (Scholarly Articles Research Alerting) (2004) *Scholarly Articles Research Alerting*. London: Taylor & Francis. Available at: www.tandf.co.uk/sara/

SCIE (Social Care Institute for Excellence) (2007) *National Research Register for Social Care – About*. London: Social Care Institute for Excellence. Available at: www.scie-socialcareonline.org.uk/researchRegister/about.asp

Sharp, J.A., and Peters, J., and Howard, K. (2002) *The Management of a Student Research Project*, 3rd edn. Aldershot: Gower.

Simpson, P. (2002) E-Prints and the Open Archive Initiative – Opportunities for Libraries, in J.W. Markham (ed.), *IAMSLIC 2002 Conference Proceedings Bridging the Digital Divide, Mazatlan, Sinaloa, Mexico, 6–11 October*. Available at: http://tardis.eprints.org/papers/

Shoemaker, D. (2000) *Theories of Delinquency: An Examination of Explanations of Delinquent Behaviour*. Oxford: Oxford University Press.

SPARC Europe (2007) Available at: www.sparceurope.org/

SUNCAT (2007) *Description of SUNCAT*. Edinburgh: EDINA. Available at: www.suncat.ac.uk/description.shtml

TSO (The Stationery Office) (2007) *UKOP the Home of Official Publications*. Available at: www.ukop.co.uk/

Turner, P. and Elmes, H. (eds) (2006) *Commonwealth Universities Yearbook*, 80th edn. London: Association of Commonwealth Universities.

UK-IPO (UK Intellectual Property Office) (2003a) *Copyright: What is Copyright?* Newport: UK-IPO. Available at: www.ipo.gov.uk/whatis/whatis-copy.htm

UK-IPO (UK Intellectual Property Office) (2003b) *Trademarks: What is a Trademark?* Newport: UK-IPO. Available at: www.ipo.gov.uk/whatis/whatis-tm.htm

UK-IPO (UK Intellectual Property Office) (2003c) *Designs: What is a Design?* Newport: UK-IPO. Available at: www.ipo.gov.uk/whatis/whatis-design.htm

Van de Sompel, H. and Beit-Arie, O. (2001) Open linking in the scholarly information environment using the OpenURL framework, *D-Lib Magazine*, 7(3). Available at: www.dlib.org/dlib/march01/vandesompel/03vandesompel.html#fig1

Wang, E. (1995) Studies on the genomes of wild-type and vaccine strains of yellow fever virus, unpublished PhD thesis, University of Surrey.

Wellcome Trust (2007a) Wellcome Library, *About Us*. London: Wellcome Trust. Available at: http://library.wellcome.ac.uk/about.html

Wellcome Trust (2007b) *Wellcome Trust Position Statement in Support of Open and Unrestricted Access to Published Research*, 14 March. London: Wellcome Trust. Available at: www.wellcome.ac.uk/doc_wtd002766.html

West, C. (2002) Reactions to the Research Support Libraries Group: a view from Wales, *The New Review of Academic Librarianship*, 8: 139–51. (Note: the date of the publication is correct even though the date of publication of the report is February 2003 – see the journal editor's introduction)

Woldering, B. (2003) *The European Library (TEL) – The Gate to Europe's Knowledge*. Available at: www.europeanlibrary.org/

网　　址

注：所有网址于 2007 年 7 月 8 日、9 日核对过

Chapter 2

1. HERO: www.hero.ac.uk/
2. M25 Consortium: www.m25lib.ac.uk/Guide/directory
3. COPAC: www.copac.ac.uk/
4. The British Library: www.bl.uk/
5. Bodleian Library, Oxford: www.bodley.ox.ac.uk/
6. National Library of Scotland, Edinburgh: www.nls.uk/
7. National Library of Wales, Aberystwyth: www.llgc.org.uk/
8. Trinity College Library, Dublin: www.tcd.ie/Library/
9. University Library, Cambridge: www.lib.cam.ac.uk/
10. Researcher's Gateway: www.surrey.ac.uk/Library/

Chapter 3

1. COS: www.cos.com/
2. CORDIS: www.cordis.lu/en/home.html
3. PhDData: www.phddata.org
4. NHS National Research Register: www.nrr.nhs.uk/
5. Oasis: oasis.bbsrc.ac.uk/Welcome.html
6. HERO: www.hero.ac.uk/
7. British Thesis Service: www.bl.uk/britishthesis/
8. UMI Digital Dissertations: wwwlib.umi.com/dissertations/

Chapter 5

1. CrossRef: www.crossref.org/
2. IngentaConnect: www.ingentaconnect.com/
3. APA (American Psychological Association): www.apa.org/
4. National Art Library: www.vam.ac.uk/nal/
5. National Electronic Library for Health: www.nelh.nhs.uk/
6. National Electronic Library for Mental Health: www.nelmh.org/
7. BFI National Library: www.bfi.org.uk/nationallibrary/
8. IALS Library: http://ials.sas.ac.uk/library/library.htm
9. The Courtauld Institute of Art library (also available via COPAC): www.courtauld.ac.uk
10. Institute of Electrical Engineers: www.iee.org/TheIEE/Research/LibSvc/index.cfm

11 RIBA (Royal Institute of British Architects) British Architectural Library: www.architecture.com/go/Architecture/Reference/Library_898.html
12 London Mathematical Society: www.lms.ac.uk/
13 Natural History Museum Library: www.nhm.ac.uk/library/index.html
14 Royal Horticultural Society: www.rhs.org.uk/libraries/index.asp
15 National Oceanographic Library: www.soc.soton.ac.uk/LIB/
16 Centre for Ecology and Hydrology: www.ceh.ac.uk/
17 The Royal Society of Chemistry: www.rsc.org/lic/library.htm
18 The Royal Society: www.royalsoc.ac.uk/
19 The Women's library: www.thewomenslibrary.ac.uk/
20 London Business School Library Service: www.london.edu/library.html
21 WiLL: www.londonlibraries.org.uk/will/
22 OAIster: www.oaister.org/
23 BUFVC: www.bufvc.ac.uk/
24 Education Image Gallery (EIG): http://edina.ac.uk/eig
25 ZETOC: http://zetoc.mimas.ac.uk/
26 New York Public Library: www.nypl.org/
27 BOPCRIS: www.bopcris.ac.uk/
28 UK National Archives: www.nationalarchives.gov.uk/

Chapter 7

1 UK Intellectual Property Office Patent: www.patent.gov.uk/patent.htm
2 US Patent Office, Patent Full-Text and Full-Page Image Database: www.uspto.gov/patft/index.html
3 British Standards: www.bsi.org.uk

Chapter 8

1 Archives Hub: www.archiveshub.ac.uk/
2 Backstage: www.backstage.ac.uk/
3 SUNCAT: www.suncat.ac.uk/
4 COPAC: http://copac.ac.uk/
5 CAIRNS: http://cairns.lib.strath.ac.uk
6 SALSER: http://edina.ed.ac.uk/salser
7 M25 ULS: www.m25lib.ac.uk/ULS/
8 Directory of Open Access Journals (DAOJ): www.doaj.org/
9 RePEc: http://repec.org/
10 OAIster: http://oaister.umdl.umich.edu/o/oaister/
11 AbeBooks: www.abebooks.com/
12 Bookfinder: www.bookfinder.com/
13 European Information Network in the UK: www.europe.org.uk
14 UK National Register of Archives (NRA): www.nationalarchives.gov.uk/nra/
15 Archives Hub: www.archiveshub.ac.uk/
16 Access to Archives (A2A): www.a2a.org.uk/
17 SCONE (Scottish Collections Network Extension): http://scone.strath.ac.uk/
18 AIM25: www.aim25.ac.uk/

Chapter 9

1. Wikipedia: www.wikipedia.org/
2. Northern Light: www.northernlight.com/
3. Alta Vista: http://uk.altavista.com/
4. All the Web: www.alltheweb.com/
5. Yahoo Search Directory: http://dir.yahoo.com/
6. Ixquick: www.ixquick.com/
7. Kartoo: www.kartoo.com/
8. Lycos Français: www.lycos.fr/
9. WWW.Fi: http://www.fi/
10. Google Scholar: http://scholar.google.com/
11. Windows Live Academic Search: http://academic.live.com
12. Google UK: www.google.co.uk
13. Ask.com: http://uk.ask.com/
14. Clusty: http://clusty.com/
15. Scirus: www.scirus.com/
16. International Directory of Search Engines: www.searchenginecolossus.com/

Chapter 10

1. Project Gutenberg: www.gutenberg.net/index.shtml
2. SCONUL Research Extra: www.sconul.ac.uk/using_other_libraries/srx/
3. British Library Document Supply: www.bl.uk/services/document/dsc.html
4. DocDel/Instant Information Systems: www.docdel.com/
5. Kluwer: www.wkap.nl/journal/
6. Science Direct: www.sciencedirect.com/
7. arXiv: http://arXiv.org
8. RePEc (Research Papers in Economics): http://repec.org/
9. E-print network: www.osti.gov/eprints/
10. OpenDOAR (Directory of Open Access Repositories): www.opendoar.org/
11. ROAR (Registry of Open Access Repositories): http://roar.eprints.org/
12. OAIster: www.oaister.org/
13. OAI: www.openarchives.org/
14. BioMed Central: www.biomedcentral.com/
15. DOAJ: www.doaj.org/
16. PLoS: www.publiclibraryofscience.org/
17. PubMed: www.ncbi.nlm.nih.gov/entrez/query.fcgi?db=PubMed
18. PubMed Central: www.pubmedcentral.nih.gov/
19. UK PMC (UK PubMed Central): http://ukpmc.ac.uk/
20. British Library, reports, conferences, and theses: www.bl.uk/services/document/greylit.html
21. GreySource: www.greynet.org/greysourceindex.html
22. BL British Thesis Service: www.bl.uk/services/document/brittheses.html
23. NDLTD: www.ndltd.org/
24. ADT (Australasian Digital Theses Program): http://adt.caul.edu.au/
25. UKDA: www.data-archive.ac.uk/
26. National Geophysical Data Center: www.ngdc.noaa.gov/
27. British Library Conference Collections: www.bl.uk/services/document/conference.html

28 Education Media Online: www.emol.ac.uk/
29 British Library National Sound Archive: www.bl.uk/nsa

Chapter 13

1 Citeulike: www.citeulike.org/
2 LibraryThing: www.librarything.com/

Chapter 14

1 SHERPA/Romeo: www.sherpa.ac.uk/romeo.php
2 UK-IPO: www.ipo.gov.uk/home.htm
3 WIPO: www.wipo.int/madrid/en/members/
4 SPARC Author Addendum: www.arl.org/sparc/author/addendum.html
5 Creative Commons, England & Wales: http://creativecommons.org/license/?jurisdiction=uk
6 Creative Commons Scotland: http://creativecommons.org/worldwide/scotland/
7 Science Commons: http://sciencecommons.org/
8 JISC Plagiarism Advisory Service: www.jiscpas.ac.uk/

Chapter 15

1 Intute: www.intute.ac.uk/
2 SCENTA: www.scenta.co.uk/
3 *Times Higher Education Supplement*: www.thes.co.uk/
4 All Conferences: www.allconferences.com/
5 Conference Alerts: www.conferencealerts.com/
6 Open University Press: http://mcgraw-hill.co.uk/openup/
7 Sage: www.sagepub.co.uk/
8 OUP: www.oup.co.uk
9 Springer Link: www.springerlink.com
10 InformaWorld: www.informaworld.com/
11 InfoTrieve: www4.infotrieve.com/home.asp
12 American Association for the Advancement of Science (AAAS): www.eurekalert.org/
13 Jiscmail: www.jiscmail.ac.uk/
14 LISTERV: www.lsoft.com/

Chapter 16

1 JISC Collections: www.jisc-collections.ac.uk/
2 Alliance for Taxpayer Access: www.taxpayeraccess.org/nih.html
3 JULIET: www.sherpa.ac.uk/juliet/index.php
4 SPARC: www.arl.org/sparc/about/index.html
5 SPARC Europe: www.sparceurope.org/
6 Digital Curation Centre: www.dcc.ac.uk/
7 Research Information Network: www.rin.ac.uk/
8 National e-Science Centre: www.nesc.ac.uk/
9 National Centre for e-Social Science: www.ncess.ac.uk
10 OpCit: Open Citation Project: www.ecs.soton.ac.uk/research/projects/OpCit

Appendix 1

1 The London Library: www.londonlibrary.co.uk/
2 British Library catalogues: www.bl.uk/catalogues/listings.html
3 COPAC: www.copac.ac.uk/copac/

Appendix 2

1 ZETOC: http://zetoc.mimas.ac.uk/
2 Royal Geographical Society: www.rgs.org
3 British Geological Survey: www.bgs.ac.uk/products/digitalmaps/home.html
4 Library of Congress: www.loc.gov/rr/microform/
5 Intute: www.intute.ac.uk/